JN125731

こんど、いつ会える？

原発事故後の子どもたちと、関西の保養の10年

ほようかんさい 編著
（保養をすすめる関西ネットワーク）

石風社

保養って
どんなもの？

みんなの
笑い声が
きこえて
くるよ

ほようかんさい
マスコットキャラ〝ほよよん〟

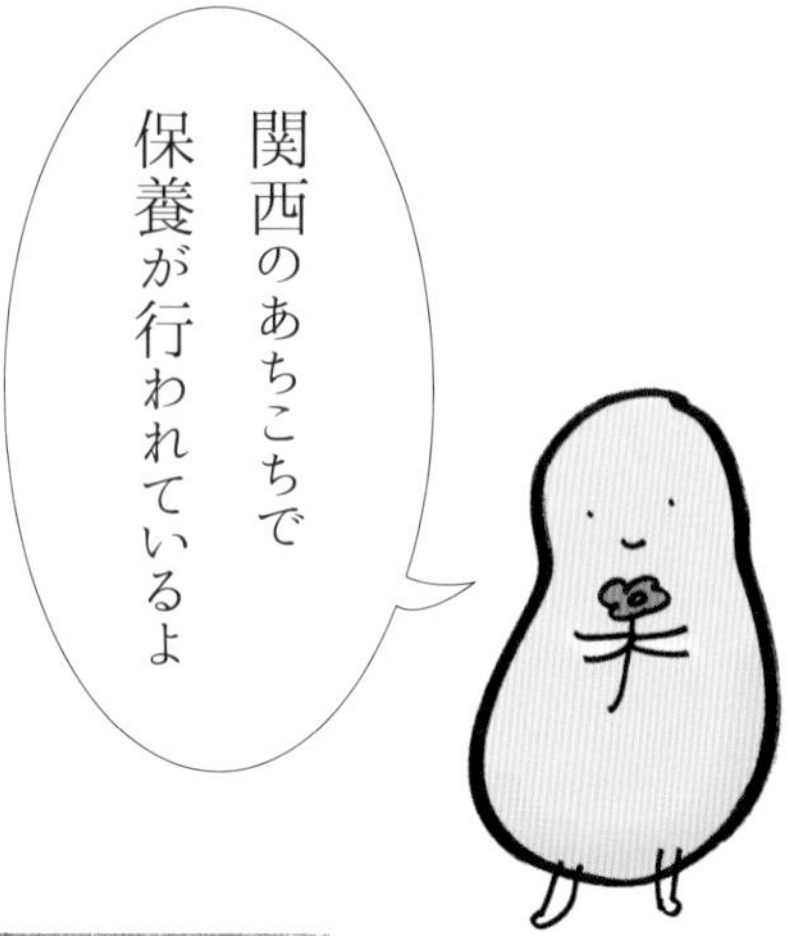
関西のあちこちで
保養が行われているよ

丹波竜化石工房

海や川
緑の中で
めいっぱい
あそぶよ！

おいしいものを
つくったり
いろんなイベントも
あるね！

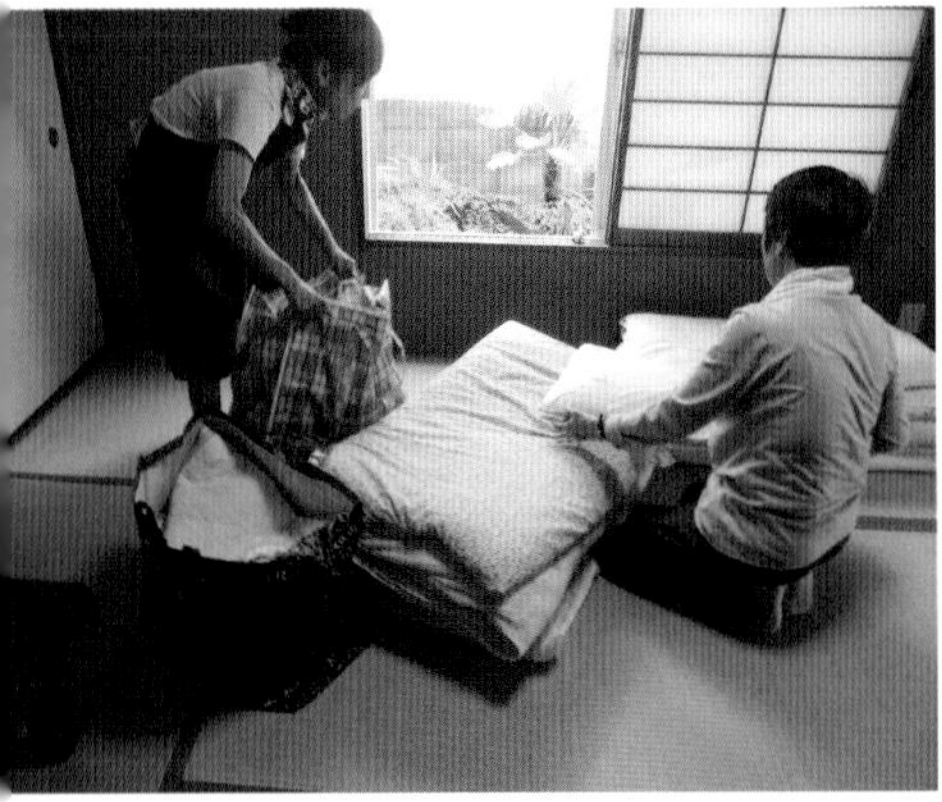

たくさんの力に
保養は
支えられてるんだな

MOVE

はじめに

保養にこめられた意味、そして願い

宇野田陽子（編集委員）

他人事とは思えない、という感受性

ここ数年、大きな地震や豪雨、巨大台風などの自然災害が立て続けに起きていますよね。20年前であれば、「被災地」といえばほとんどの人が阪神・淡路大震災で被害を受けた地域を思いうかべたはず。でも今は、「被災地」と言われても、いったいどこのことを言っているのか迷ってしまうくらい。

実はドイツの環境シンクタンク「ジャーマンウォッチ」が毎年発表している「世界で気象災害の影響が大きかった国ランキング」で、２０１８年は日本が１８１ヵ国中なんとワースト１位でした。２０１９年は4位、２０１７年は36位だったのですが。

そんな中でテレビや新聞は、自然災害でも人為災害でも、一番新しい出来事の報道が中心になります。被災後、時間がたつ中でどのような問題が出てきているかはあまり報道されない。だから遠くの人からすると、時間がたてばいろいろなことがいつのまにか解決しているみたいな気持ちになりがち。「忘れてたけど、もう10年もたつんだな〜」なんて思ったりして。でも当事者であれば、10年たっても「あの日」のままの時間にとどまらざるを得ないこともある。他人事だと思っていると、「10年もたつのになんで？」なんて思ってしまうんだけど。

被災した人たち、被害を受けた人たちがどんな時間軸の中で、どんな事情で、どんな気持ちでいるのかなって、もっとみんなで考えあうことができればいいのに。そう思っていたら、２０１９年末頃からの新型コロナウイルス（COVID-19）のパンデミックが始まりました。これまで考えたこともなかった非日常が、いつのまにか日常になってしまったような日々が続きます。このパンデミックが引き起こした災害は、その出来事の前と後で暮らしが根底から大きく変わってしまうという経験を、社会の中の多くの人々にもたらしました。「いつ何が起きるかわからない」「他人事とは思えない」、そんな感覚を持つ人が少しずつ増えているような気がします。このかすかな変化を大切に守り育て、「昨日までと変わらない明日が来るに決まってる」「知らない人がどんな目に遭っても私とは関係ない」と考える人に溢れた社会に風穴を開けるきっかけにしていかなければ。パンデミックの猛威が続き、多くの人々が傷つき苦しんでいる今、心からそう思います。

すでに新型コロナウイルス感染拡大に見舞われて何が起きるかわからないこの時代、世界有数の地震多発地帯に位置する日本で、大きな自然災害も毎年のようにやってくる。次に被災するのはあなたかもしれないし、私かもしれない。それは自然災害かもしれないし、人為災害かもしれない。いや、その両方が同時に起きる〈複合災害〉かもしれない。10年前に起きた、東日本大震災と東京電力福島第一原発事故のように。

東日本大震災と福島第一原発事故のこと

２０１１年3月11日、宮城県沖を震源とする巨大地震が発生しました。地震の規模はマグニチュード9・０で日本の観測史上最大の地震でした。最大震度は宮城県栗原市の震度7。宮城、福島、茨城、栃木の多くの市町村で震度6が観測されました。そのような激しい揺れの後、巨大な津波が発生して、東北地方から関東地方にかけての太平洋沿岸部に壊滅的な被害が出ました。そして地震と津波に直撃された福島第一原子力発電所は、発電所内の電気の供給が途絶えて原子炉を冷却できなくなり、１号機、２号機、３号機が炉心溶融（メルトダウン）に至りました。炉心溶融で発生した水素による爆発で、12日に1号機、14日に3号機、15日に4号機の建屋が大破、大量の放射性物質が放出されました。２号機は建屋の爆発を免れたものの、とりわけ大量の放射性物質を放出しました。

「多重防護で絶対に放射能は漏れないから安全」という触れ込みで、政府は日本中に原発を建ててきたけれど、福島原発で起きた事故は国際原子力事象評価尺度（ＩＮＥＳ）に当てはめると、最悪のレベル７「深刻な事故」。レベル７に該当するのは、世界中を見回してもチェルノブイリ原発事故と福島原発事故だけ。ちなみに、日本政府が２０１１年3月11日に発令した「原子力緊急事態宣言」は、今も解除されていません。

爆発はすべて日中に起き、次々に水素爆発を起こして吹き飛ぶ原子炉建屋をはっきりととらえた映像が流れ、世界中が戦慄しました。各国の大使館が日本で暮らす自国民に避難勧告を出すなどして、多くの外国人が日本から避難しました。巨大地震と大津波の被害、そして刻々と進展する原発事故。これから何が起こるのか、多くの人たちが恐怖を感じてニュースにくぎ付けになりました。

日本各地で「保養」が始まった！

原発事故によって放出された膨大な量の放射性物質は、大半が偏西風に乗って太平洋上に流れましたが、一部が東日本一帯に広がったため、空間線量（空間における放射線の量）が高い地域、土壌汚染が見られる地域、ホットスポット（放射線量が局所的に高い場所）が点在する地域などができてしまいました。

事故直後は誰もが、なにをどうすればいいのか見当もつきませんでした。4基の原発で一度に発生したこの大事故が、どのように進展していくか誰にもわからなかったからです。当時の政府は、最悪のケースでは「東北、関東圏の壊滅、住民4千万人の国外避難」を想定したと報じられています。多くの労働者の命がけの復旧作業でその事態が回避された後、水素爆発で放出された放射性物質がどこにどれほどの汚染を広げたのかが徐々に明らかになり、食品や水から放射性物質が検出されはじめます。そんな中で、東北や関東からは被曝の不安を訴える人々の声が届くようになり、新学期が始まると春のさわやかな気候の中でマスクと長袖、長ズボンで身を守りながら通学する子どもたちの姿がニュースに映し出されました。

この状況を見過ごしていいのか？　離れた地域に住んでいる者だからこそできることがあるんじゃないか？　そんな思いから、日本中で一時的な避難受け入れや、長期休みなどにキャンプを開催して子どもを受け入れる活動が始まりました。距離が離れるほど被曝のリスクも小さくなるという放射性物質の性質があるので、少しでも物理的に離れたところに移動してもらおうと考えたのです。チェルノブイリ原発事故の後に、汚染された地域の子どもたちを受け入れるキャンプの活動が「保養」と呼ばれていたことから、こうした日本での活動も「保養」と呼ばれるようになりました。

この本では、保養を「原発事故の影響を受けた地域に暮らす人々が、休日などを利用して県内外の受け入れ地へ出かけて、放射能に関する不安からひととき離れて心身の疲れを癒そうとすること」であると考えています。

日本の保養の特徴は、一言で言えば多様であること。この多様さは、そのほとんどすべてが民間団体によって担われていることによるのだと思います。北海道から沖縄まで、日本のあちこちで保養の取り組みが始まりました。関西も例外ではありません。大阪、兵庫、京都、奈良、滋賀、和歌山など関西一円で多くの保養キャンプが生まれただけでなく、それらの主催者が横のつながりを絶やさずにやってきました。にぎやかであけっぴろげな関西気質も助けになったのか、しょっちゅう集まっては情報交換をし、愚痴を言い合い、知恵を出し合ってきたのが関西の特徴です。

保養のことをみんなに伝えたい

一つひとつの保養キャンプを実現するため、年齢も、職業も、立場も、何もかも違う多くの人たちが集まりました。安全な食品を生産・流通させる仕事をする人、フリースクール関係者、大学生、医療従事者、子育て中の人、福祉関係者、労働組合の人などなど、震災と原発事故に突き動かされたさまざまな人々が集まりました。

資金を集め、宿舎を確保し、食材を集めて、ボランティアを募り、参加者の子どもたちを関西へ招き、何十人分もの食事を調理して提供し、楽しいプログラムをたてて、子どもたちを見守り、保護者と関係をつくりました。子どもたちのけんかの仲裁をして、参加者一人一人と向き合って、仲間同士ぶつかり合って泣いて、新しい出会いや子どもの成長に感動して喜んでまた泣いて。

そんな活動が10年間続いてきたというこの事実が、いずれ忘れられてしまって、なかったことになってしまったら大変だ、と思いました。ネットのあちこち、いろんなミニコミ紙、各団体の報告書などに点在する保養情報が、散逸して、全体像が見えなくなってしまい、次の世代に手渡せないなんて。だから、この本の目的は、日本のあちこちで続いてきた「保養」という取り組みの存在を多くの人に知ってもらうこと、特に関西の保養主催者の視点から振り返って、記録して、記憶として残すことです。失敗や後悔もいろいろあったけれど、この経験は次の世代の人たちにとっても役立つことがあると信じています。

白か黒かじゃなく、一人ひとりを想像しながら

いつ、だれが、なにの被害者、被災者になるかわからない時代だからこそ、想像力がすごく大事。想像せずに、自分の価値観だけにたよって判断すると、「なんでもっとがんばれないの?」「もっとしんどい思いをしている人もいるよ」というような話になりがちです。きわめて個人的で複雑な話なのに、「いいか、悪いか」「正しいか、間違ってるか」「危険か、安全か」みたいな二項対立的な考え方になってしまって。事の真相とは、そう簡単にわかるものではないから、まずは知ろうとすることがとても大切。そして、考える、想像する。そこから少しずつその人だけのストーリーが見えてくる。そこでやっと〈真実〉の片鱗が見え始めるのだと思います。

2011年の原発事故で影響を受けた人々が置かれた状況も、あたりまえのことだけど、時間がたつ中でさまざまに変化してきています。保養を必要としている人もいるだろうし、もう必要としていない人も

いるだろうし、みんなそれぞれ考えがあって当たり前。正解などないから、互いを尊重しつつ対話していくしかない。今考えなくてはならないのは、「原発事故から10年以上がたった今、どんな保養だったらこれからも続けていく意味があるだろうか」ということだと思います。

関西の保養の10年を振り返ってみて気づくのは、私たちの取り組みは、現実の社会から切り離された頭でっかちな活動ではなく、現にある社会問題との関わりの中で問い直され、変わりつつ続いてきたってこと。みんながそれぞれ、「こんな社会だったらいいな」という願いを込めて保養を運営してきました。それはやはり、「保養」が始まったきっかけが原発事故だったからなんじゃないかな。

誰かを踏みつけて平気な社会じゃなくて

福島原発事故で改めて浮き彫りになったのは、原発とは差別なしには動かない存在だということ。原発を動かすにはウランを掘って核燃料をつくらないといけないけど、日本にウランはないから、日本で原発を推進する人たちは、カナダやオーストラリアなどからこれまで大量にウランを購入してきた。ウラン採掘の過程では、たくさんの先住民や労働者が苦しめられているし、周辺の環境をも激しく汚染する。ウランという物質は、核燃料か核兵器にしかならないし、それらの製造過程で出る「核廃棄物」は劣化ウラン兵器となってさらに人々を苦しめている。核のサイクルは、スタートからして非人道的。

あまり知られていないけれど、計画段階で原発を追い出した町もたくさんあった。原発が建てられてしまった地域でも、勇敢に反対の声をあげる人が絶えることはなかった。だけど政府は、国策として圧倒的な力で、原発やその他の核施設を次々に建ててきた。世界有数の地震多発地帯だというのに、原発だけで

54基も。「地域振興」の名のもとで地方に押し付けた原発で作られる電気は、延々と伸びる送電線で都会へと送られてぜいたくに浪費されてきた。

今回の事故でもわかったけど、原発で重大事故が起きたときに、地元の人々を確実に避難させることは不可能。避難計画はあっても、実現しそうもないお粗末なもの。為政者は「人口少ないし、まあいいか」と考えているとしか思えない。

これまで、数えきれない人々が、原発の定期検査などで被曝労働を強いられてきた。その多くは、日雇い労働者など社会のなかで弱い立場に置かれている労働者です。事故がない平常運転であっても、被曝する労働者たちを必ず必要とするのが原発。事故が起きてしまえば、さらに危険な被曝労働が強いられる。今まさに、福島第一原発で起きていることです。

こうしていくつもいくつも重なり合った差別をのさばらせてきてしまったのが、他ならぬ私たち大人だった。あれもこれも、自分や自分の家族じゃないどこかの誰かが困るぶんには無関心。そんなすべての見てみぬふりや無責任なあきらめが、この状況を招いた。

もちろん、国の政策として原発をがんがん進めてきた政治家とか、危険とわかっていて適切な対策をしなかった東京電力とか、第一義的に罪を問われるべき人たちはいる。それはあきらかなこと。ものごとを決定して推進できる立場と権力をふりかざしてこの状況を意識的に招いた人たちの責任は、ぜったいに厳しく追及し続けなければならない。研究や裁判でそれを続けてくれている人たちには、感謝の気持ちでいっぱいです。

だけどそれとは違う次元で、「あいつらのせいや！」だけになってしまっては危険だと思う。誰かにだけ責任を押し付けて、じゅんぐりに自分より弱い立場の誰かを痛めつけて成り立つ社会なんか、いらない。

私たちが見たいのは、もっと別のありようの社会だ。そんな思いが広く共有されていかなければ、同じことが繰り返されかねないと思うから。

この本について

まずこの「はじめに」では、「保養」とはなにか、どういう背景や願いのもとに行われてきたかについてお話ししました。そして第1章から第4章では、関西で実際に保養を主催してきた個性豊かないろんな団体さんにそれぞれの取り組みや考えていることについて書いてもらっています。保養のこれからを担う若者たちに語り合ってもらった記録も載せています。巻末資料は、厳選した多彩な情報を集めました。

実は当初、この本は2021年3月の出版を目指して2019年秋から準備作業に取りかかっていました。しかし新型コロナウイルスの蔓延で、世界が思いもよらない速度で変化していき、2020年の保養キャンプは軒並み中止となりました。私たちは、いったん編集作業を止め、この状況で関西の保養の本を出版することの意味を問い直しました。

この新型コロナウイルス感染拡大という災害によって、いろいろなことが明らかになっています。この世界が身も蓋もない格差社会になっていること、「エッセンシャルワーカー」などと一方で持ち上げつつ特定の人たちに危険を押し付ける構造が強まっていること、ウイルスに感染した人々がいたわりではなく誹謗中傷や排除や差別の対象となること、人々の暮らしを知らない為政者のお粗末な施策のせいで命を落としたり暴力の犠牲になったりする人が続出していること、それがあからさまに社会的に立場の弱い人たちへ集中していること。そしてこの国が今も、市井の人々の暮らしや命が犠牲になろうと、国策を決してあきらめず利権を手放そうとはしないということも。

既視感がありました。ああ、原発事故の後に起きたさまざまなことが繰り返されている、と感じました。

２０２１年以降の活動はまだ見通せないけれど、関西の保養の10年を振り返り未来を展望する作業は、その意義を失っていない。むしろ、私たちが何に抗い、何を求めてきたのかを世に出し、その取り組みと現在の社会の切り結ぶところであらたな出会いを模索したいと思い、再び編集作業が始まりました。

さあ、「保養」を知る旅にご一緒しましょう。次は私たちが被災当事者になるかもしれないから。私たちが知り合い、分かち合うことが、きっと世界をちょっとだけ良い方向に進めることにつながると信じているから。

＊この本のタイトルについて

「こんど、いつ会える?」というのは、２０１１年の夏休みに「のびのびキャンプ」（＊37ページ参照）で出会った男の子が、別れ際に言ってくれたことばです。そう言ってもらえたことが嬉しくて、ありがたくて。一人でも多く被災地の子どもを助けなければ！　と無我夢中で観念的になっていた私の前のめりな気持ちが、そのことばで、そっと地面に降り立ったかのように穏やかになったのを覚えています。一人ひとりとの出会いをお互いに大切にすることが基本、といつも思い出させてくれるこのことばを、編集委員のみんなでタイトルに選びました。

こんど、いつ会える？　原発事故後の子どもたちと、関西の保養の10年◉目次

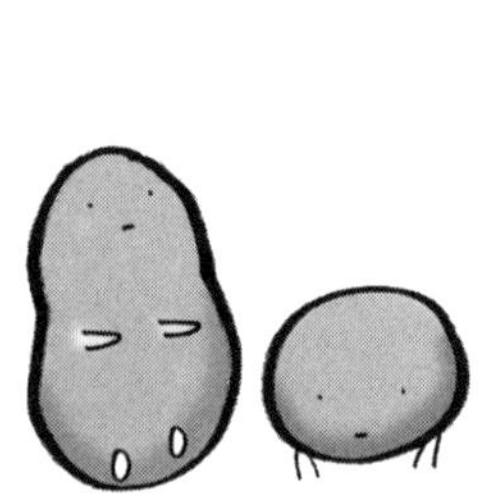

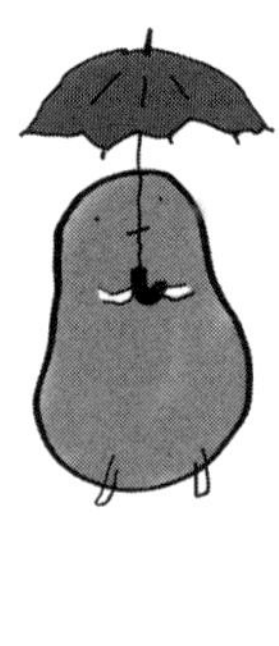

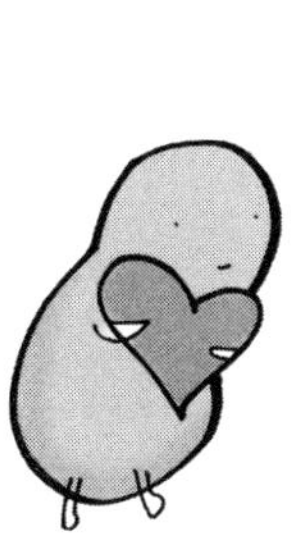

こんど、いつ会える？　原発事故後の子どもたちと、関西の保養の10年

第1章

原発事故直後の混乱の中で

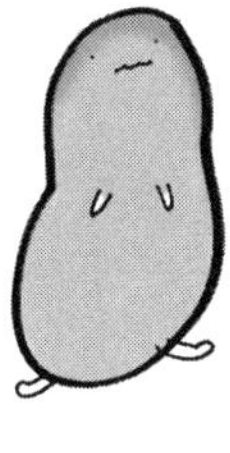

吹夢《スイム》キャンプ

さまざまな思いを込めた「コミュニティ」

吹夢キャンプ共同代表　高橋もと子

2011年3月11日午後2時46分

この日、この時間、私は国会議事堂前にいました。私が機関紙を担当するコープ自然派という生協で集めた「六ヶ所核燃再処理工場反対」署名約1万筆を組合員代表が国に提出するのに同行取材するためです。署名を提出する際、経産省の官僚たちは「日本の原発は大丈夫です。あなたがたに心配していただかなくても事故は起こしません。六ヶ所核燃再処理工場も順調に進んでいます」と断言しました。

みんなで集めた署名があまりにも軽く扱われたような思いを抱いて国会議事堂正門前に移動したところで突然の激しい揺れ。とても立っていられなくてしゃがみ込み、揺れが収まるのを待ちましたが、まさかそれが今なお多くの人たちを苦しめている「悲劇」の始まりだとはその時は思ってもいませんでした。この日は交通機関がストップして大阪に帰れず、署名提出の紹介をお願いした元衆議院議員・服部良一さんの事務所に泊めてもらいました。そして、その夜、福島第一原子力発電所が大事故を起こしたことを知りました。

「子どもたちを放射能から守る福島ネットワーク」との出会い

福島第一原発は１～５号機が電源喪失、１～３号機がメルトダウン（炉心溶融）を起こすなど、事態はどんどん深刻化しました。「大変なことになった」と地域の市民運動仲間たちが集まり、私たちにできることはないだろうかと話し合いました。そして、５月１日に４名で福島へ。この日は「子どもたちを放射能から守る福島ネットワーク」設立の日でした。タクシーで福島市内を走るとき、ハナミズキなどが咲き誇る街並みは美しく、放射能汚染されていることが信じられない思いでした。

福島市内の会場には全国各地から約２５０名が集まり、緊迫した雰囲気の中で福島の現状が語られました。その後、４分科会に分かれて話し合いが行われ、私たちは「避難・疎開・保養を考える分科会」に参加、連絡先などを交換し合って大阪に帰りました。そして、保養キャンプを実施しようと決め、具体的な相談をするために６名で「子どもたちを放射能から守る福島ネットワーク」保養担当の方たちを訪ねました。そのとき、室内の放射線量が毎時０・６マイクロシーベルト（Sv：シーベルト：放射線被ばくによる人体への影響の度合い。巻末資料・用語解説参照）だったことを記憶しています。

「子ども20ミリシーベルト撤回」行動

4月12日、文部科学省は福島県の校舎・校庭について、毎時3・8マイクロシーベルトまでなら使用できるという基準を示しました。日本では一般の人が受ける被ばく線量について自然の被ばくや医療被ばくを除いて年間1ミリシーベルトを限度として定めていましたが、福島原発事故後、大人も子どもも年間20ミリシーベルトまでに大幅緩和、毎時3・8マイクロシーベルトとはこの基準に基づくものです。

5月2日、参議院議員会館で全国各地から多くの市民が参加して「子どもを放射能から守れ〜20ミリシーベルト撤回交渉〜」が行われました。「子どもたちを放射能から守る福島ネットワーク」メンバーの佐藤幸子さんは福島市内の小学校の校庭の土を持参し、その場で測定。文科省担当者の無責任な発言が続いた後、たまりかねて「そんなに安全ならこの土をなめてください」と怒りを表現しました。

「吹夢キャンプ」実施へ

福島の子どもたちの現状を知るにつれ、「子どもたちを守らなければ」との想いは強くなり、2011年夏、第1回「吹夢キャンプ」を実施。吹田市を拠点にしていることから「吹田の夢」、また、当初、福島ではプールに入れなかった子どもたちに思い切り「スイミング」を楽しんでもらおうと「吹夢《スイム》キャンプ」と命名しました。

私たちは放射線量の高い地域の人たちは避難・移住してほしいと考えていたので、「吹夢キャンプ」は避難・移住のきっかけと位置づけました。そのためには、福島県内に限定せず家族ぐるみでの参加が望ま

いつも食欲旺盛！　食材にもこだわった食事は大人気

しく、仕事を休めるお盆休みに実施。第１回の参加者たちは母子や家族全員で広島や関西に避難・移住しました。

「吹夢キャンプ」が拠点としている「吹田市自然体験交流センター・わくわくの郷」は吹田市北部に位置し、自然豊かな公園内に宿泊施設や野外食堂、体育館、グラウンドなどが併設され、吹田市民プールが隣接しています。施設の利用についてはさまざまな配慮をしてもらい、それは今も変わりません。

スタッフは私たちが日ごろ食材を求めているコープ自然派と共同代表の職場である「社会福祉法人ぷくぷく福祉会」に声をかけ、口コミでも多くの人たちが参加。第１回「吹夢キャンプ」実施前の７月には、福島の子どもたちの現状を広く知らせようと、福島から佐藤幸子さんを招いて昼夜２回の講演会を開催、いずれも超満員でした。以後、東京から避難したジャズピアニストのコンサートや地元ミュージシャンによるライブなども開催しました。

「吹夢キャンプ」のこだわり

放射能被ばくには外部被ばく（体外から放射線を浴びる）と内部被ばく（体内から放射線を浴びる）があり、私たちは内部被ばくを少しでも低減しようと食材はコープ自然派や地元産の無農薬野菜を使用。「ぷくぷく福祉会」の給食用レシピを応用し、調味料や水、おやつも厳選しました。また、放射能を体内から排出するにはできる限り長く関西に留まってもらいたいと他の保養グループと日程をつなぎ合わせ、当初は送迎をかって出ました。事故から2年目、朝の散歩中に2人の男の子たちが「ここは何シーベルトくらいかな？」などと話しているのを耳にしました。また、女の子たちが食品のパッケージを裏返して「よかった！　これは福島産じゃないから大丈夫」と話しているのを聞き、子どもたちが置かれている現状を改めて思い知らされました。

私たちは原発が事故を起こせば大変な事態になることはチェルノブイリ原発事故で知っていました。原発がある限り放射性廃棄物は溜まる一方で、放射性廃棄物は処理できないことも知っていました。しかし、いつのまにか「安全神話」に陥っていたことは確かで、福島原発事故によって頭を殴られたような感じでした。そこで、私たちは原発を止めなければならないと東京や関西、原発立地である福井県で行われる反原発集会やデモにも積極的に参加、それぞれが脱原発運動にかかわっています。また、「保養キャンプ」を広く知らせるために「さようなら原発１０００人集会」などでブース出展したり、ホームページやＳＮＳで発信、保養キャンプ中には福島県浪江町から避難された方にスタッフとして参加してもらってお話会を行っています。

広いグラウンドを使ってのキャンプファイヤーは恒例行事です

「吹夢キャンプ」の特徴

「吹夢キャンプ」の特徴としては、スタッフとして大学や高校などからの参加が多いことが挙げられます。キャンプ場近くの関西学院千里国際高等部からは教師と生徒が参加、私たちもキャンプ前に学校を訪ねました。生徒会役員有志が年々引き継ぐ形で参加する高校もあります。近畿大学からは教師志望の学生たちが参加。また、吹田市内にある関西大学からは毎年多くの学生が参加、ゼミで「保養キャンプ」を取り上げ、卒論発表会には「吹夢キャンプ」スタッフも参加しました。いずれも卒業後、大学生や社会人になっても参加するケースが多く、「吹夢キャンプ」を経て関西に移住した子がスタッフとして参加するケースもあります。

子どもたちの対応は若手スタッフが担当。広いグラウンドでは鬼ごっこをしたり、バスケットやドッジボールをしたりする光景が見られます。野外活動団体に所属していたスタッフが仕切るキャンプファイヤーは毎年好評、「肝だめし」では子どもたちが趣向を凝らして大人たちを怖がらせることを楽しみにしています。食事前後の挨拶は「吹夢キャンプ」独自の儀式（?）を継承、何度見ても微笑ましい光景です。そして、キャンプ終了前夜には、キャンドルを灯して、大人も子どもも静かに振り返ります。途中で感極まって泣き出す子、来年はこんなことがしたいと話す子など淋しさと安堵が入り混じったひとときです。

当初はキャンプ実施前にスタッフがプログラムを決めていましたが、前夜に子どもたちと話し合って翌日の予定を決めるというスタイルが定着。キャンプの運営は若手スタッフにすべて任せ、「大人」スタッフは食事担当。若手2名・大人2名が共同代表としてコーディネートしています。そして、「大家族でのんびり過ごす夏休み」をコンセプトに、心身ともにゆったり過ごすことを大切にしているのも「吹夢キャンプ」の特徴と言えます。

「吹夢キャンプ」の今後

夏休み中の1週間という「吹夢キャンプ」ですが、年代も性別も立場も暮らし方も異なる人たちがさまざまな思いを込めて寝食を共にすることは貴重な体験です。それはゆるやかな「コミュニティ」としてキャンプ以外の日常でもつながっています。

一方で近年は大型台風や年々厳しくなる暑さの中で野外での炊事は過酷な状況となっています。また、避難・移住は年を経るごとに容易ではなく、避難・移住した多くの人たちが困難な状況を強いられています。政府は帰還政策を推し進め、超党派で法制化した「子ども・被災者支援法」は無視されたままです。そんな中で「保養」の意味が問われています。新型コロナウイルス感染拡大による中止は、今後の在り方を考える大きなきっかけとなりました。福島原発事故から10年目、「吹夢キャンプ実行委員会」として、新たな取り組みを模索しています。

団体名	吹夢キャンプ実行委員会 （2011年設立）
初めて開催したのは	2011年夏 （通算10回開催）
開催時期・期間	毎年お盆休みを中心とした1週間
開催場所	大阪府吹田市（吹田市自然体験交流センター）
対象	東京電力福島第一原発事故により被災した子どもと保護者
受け入れ人数	大人・子ども合わせて30人程度
スタッフの人数	コアスタッフ4人、ボランティア40人程度
大事にしていること	大家族のように過ごす夏休み、安全でおいしい食事
団体URL等	Facebook　https://www.facebook.com/suimucamp/

傍観者ではいられない

私たちゴー！ゴー！ワクワクキャンプ（以下ゴーワク）は京都精華大学の学生を中心として発足した。こども好きな人、写真・料理・事務など自分の得意な事を引き受ける人、「より良い世界」のためという人、それぞれの想いで加わった。これまでの活動を振り返るにあたり、私たち全員の考え方を伝えることは難しいので、運営の中心メンバー3名が発足当時の活動について記し、それをミーティングでまとめるという形をとった。

今行動しなければ

2011年3月11日、発起人のひとり芝菜津子は大学卒業を目前に控えていた。就職は決まっておらず、アルバイトをしながら自分の将来について考えている矢先だった。大学で公害などの環境問題や、社会問題にまつわる様々な講義を受けたが、リアルなものとして自分の手元に引き寄せることはできずにいた。

そんな時突然突きつけられた現実が、2011年の原発事故だった。

芝は焦った。今の自分には「行動しない」ことを正当化する言い訳が存在しない。すでに大学の授業はなく、アルバイトも融通がきく。放射性物質による健康被害や、原発が不平等な社会構造の上に成り立っていることも知っている。知っていて見過ごせば、その不公正を認めることになる。……でも自分に何ができるのか？　言い訳を見つけて逃げ出したい気持ちもあった。でも今逃げたら、自分はもう生きていけない、と思った。芝の当時の行動は、自分を軽蔑しないための、自分の「生」を守るためのものだった。3月末に京都大学で開かれたシンポジウムでの「こどもを移動させなければいけない」という主張に納得し、それに飛びつく形で行動は展開していった。


当初は学校単位、クラス単位での移動を想定したが、すぐに壁にぶち当たった。4月からは現地でも学校が再開されるため、通学するこどものいる家庭の多くでは「移動すること」は選択肢から除外されていた。また、移動したい人・できる人のほとんどは3月中に避難しており、「復興に向けて力を合わせて頑張ろう」ムードが漂っていた。芝は共に動いていた友人と相談し、アドバイザーらの意見も踏まえ、少人数・短期の受け入れ計画へと移行していった。

その時点で4月中旬だったが、無謀にも計画実施は5月のGWを想定。冷静に判断すれば夏にするところだが、切迫感、混乱、勢い、見通しの甘さが計画を進めさせた。「本当にできるのか？」「来たい人なんていないるのか？」と思いながら「とにかくやれるところまでやろう」と自分に言い聞かせた。4月下旬、「参加したい」という連絡が入り、来たい人がいることを実感し、やるしかない、と腹をくくった。

少人数・短期の企画とはいえ、経験もなく準備期間も短い。とにかく人を集めなければ！　と知人に広く協力を呼びかけると、多くの人が手を挙げてくれた。

これが天命か

東日本大震災ではあれほどの被害があったのに、京都では被害どころか少しの揺れも感じず、田中一央《いお》は現実に起こっている大事件と体感のズレの大きさに戸惑っていた。だが、これがとんでもなくヤバイ事だという直感だけはあった。これを見過ごすと今後もし自分が被災者になった時、「助けてくれ」と言えるか？　仮に助けてくれる人がいて、素直に助けてもらえるか？　と自分に問うた時、無理だなと思った。途方に暮れていた時、発起人の芝から「被災地のこどもを一時避難させる活動をするから手伝ってほしい」というメールが回ってきた。田中は「これが天命か」と思いつつ参加を決めた。

２０１１ＧＷに初めての保養開催

スタッフは集まってきたものの、芝たち発起人の脳はオーバーヒート、具体的な指示を出すことができない。会議はグダグダ、スタッフのみんなも困惑したことだろう。そんな状態で参加者を迎えることとなった。

迎えた２０１１年5月2日。4泊5日の保養キャンプには、こども12人とおとな7人が参加した。石窯ピザ、陶芸、大文字山登山、餅つき、野点《のだて》茶会などの企画が立てられ、それぞれ経験のある人が中心となって取り組んでくれた。

NANTAN交流の家　毎日洗濯物がいっぱい

こどもたちの姿を見ながら、安堵感やら疲れやら自分の力不足やら、いろんな気持ちが絡まり合い、芝は漠然とした孤独感のようなものを感じていた。その時、不意にひとりの子がぎゅっと手を握ってくれた。その子の心境も何を意図していたのかもわからないが、その手にすごく気持ちが救われた。

多少のアクシデントはあったものの、こどもたちは元気に走り回り、楽しそうな表情をたくさん見せてくれた。参加した保護者は張り詰めていた緊張の糸がゆるんだのか「来れてよかった」と涙ぐむ場面もあった。無謀な計画だったが、「必要なこと」だったと感じて、芝は自分の行動が無意味ではなかったことにほっとした。当時は自覚していなかったが、大きな不安を芝自身も抱えていた。「参加者との関わりの中で、私が支えてもらった」と強く思う。

悩みながら走り出す

ゴーワクは初動の早さ故に、初期の混乱ぶりは他の保養キャンプの比ではなかっただろう、と石橋武史は当時のことを思い出す。

本番2週間前のミーティングで、食事とか基本的なことはほとんど決まっていないのに、イベントを何にするかということに時間を使っていたり、メンバーの中でこどもと関わる仕事なり経験のある人は2、3人、キャンプを主催した経験のある人は皆無。ゴーワクは素人がマジで0からスタートして作らざるをえなかった。

そんな有り様なので、周りから見ると口を出したくなって当然だ。しかし、批判めいたことなど一切言わずに、資金や物資、ノウハウを提供し、応援してくださった人がたくさんいた。早尾貴紀さん[1]や、使い捨て時代を考える会[2]やチェルノブイリ・ヒバクシャ救援関西[3]の人たちをはじめ、大勢の人たちが見守って支えてくれた。なぜここまで応援してもらえるのか、その方たちの一人に疑問をぶつけてみたことがある。返ってきた答えはこうだ。

「我々は動けなかった、だから若い人が動くなら、動きやすいようにするのが我々の務めだと思った」

凄いな、こういう人に自分もなりたい、と石橋は思った。

当事者に寄り添うことの難しさ

また、「善意」に潜む落とし穴について考えさせられることもあった。保養に関わる時、避難・移住をどう考えるかは難しい問題だ。事故直後は特に多くの人が混乱と迷いの中にいた。このまま住み続けて良いのか？　避難したとしても、そこでの生活はどうなるのか？　何を信じれば良いのか？　不安を常に抱えている状態だった。そんな中、「避難・移住は早急にすべきだ」「こどもがいるのに避難・移住しないのは考えられない」といった言葉が〈支援者〉から発せられることがあった。「善意」から出た言葉かもしれないが、当事者の状況も考えも無視して話されたことは残念なことだと思う。「善意」が人を傷つけることもある。「誰かのため」の行動が、本当にその相手の求めていることなのか、助けになっているのか、省みる姿勢を忘れてはいけない。ゴーワクでは、まずは参加者の方たちに寄り添って話を聞こうとの結論になった。それが簡単なことではないことを後々思い知ることになるのだが。

参加対象を決める時、ゴーワクではできるだけ制限を設けないようにしよう、と話し合った。その時、議論の中心にあったのは「居住地」と「年齢」だ。来たい人はできるだけ来てもらおうと、居住地や年齢制限は設けない、その他の制限・条件も設定しない、乳幼児や妊婦、障がい児など、配慮が必要で参加できるか不安な場合は一度相談してください、という形にした。

そんな方針で運営していたが、キャンプを続ける中でこんな言葉を耳にする。「外国人は参加できないと思っていた」「(こどもに)障がいがあることを最初に言ったら、受け入れてもらえないと思って黙っていた」

1　宮城県仙台市にて被災し、こどもを京都に避難させて、ご自身は京都と東日本を行き来されていた。初回キャンプの資金源はほとんど早尾さんであり、参加者とつながれたことも早尾さんの存在なしにはあり得なかった。

2　NPO法人 使い捨て時代を考える会は、有機農産物を中心に扱う「㈱安全農産供給センター」の母体組織。資金・食材・宿泊施設の提供、スタッフ募集など全面的に協力くださった。

3　チェルノブイリ原発事故を受けて1991年に発足。20年以上にわたり被災地支援・交流を続けている。メンバーに医療従事者が多く、医療面でのアドバイスや資金提供などで協力くださった。ゴーワク発足のきっかけとなったシンポジウムで「最優先すべきは福島のこどもを安全な場所へ移動させること」という主張を述べたのもこの団体のメンバーである医師だった。

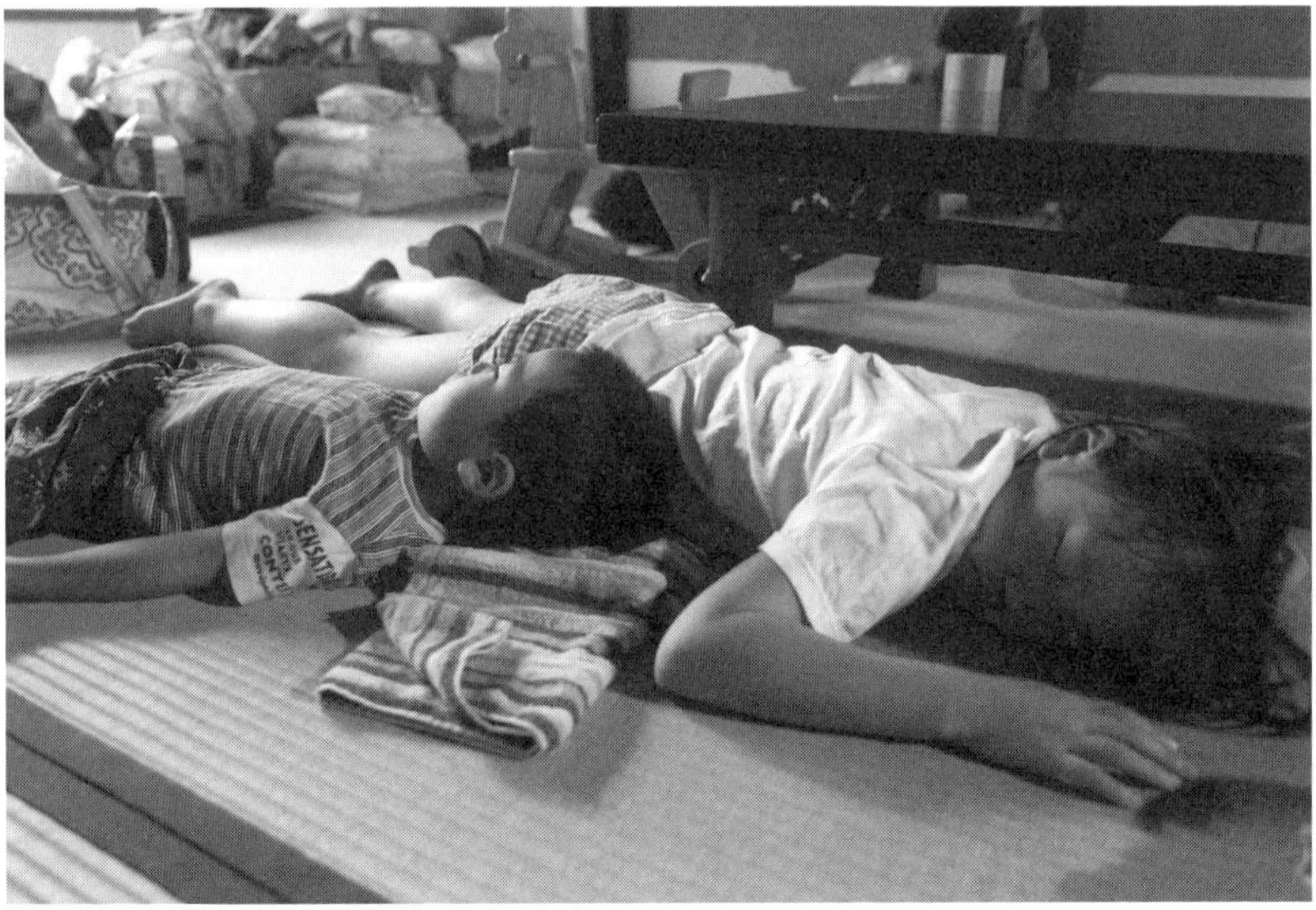

遊び疲れてお昼寝タイム

いた」。私たちは必要な配慮や充分な努力ができていただろうか。知らずに人を傷つけてきたのではないか。

田中が震災直後に現地の保養説明会で会ったお母さんは、各団体の説明を真剣な面持ちで聞いており、話をうかがった時も「こどもたちを安全なところに逃がしたい、しかし保養キャンプもまだどんなものかわからず信用しきれない」という葛藤が感じ取れ、圧倒された。当時被災地では家庭内でさえ意見の対立があったり、放射能のことを語ることすらタブーとなっていたりする地域もあったのだ。そのお母さんの気持ちを、安全な場所から来た自分では到底推し量ることはできない、と田中は思った。

こどもたちとの関係にしても、今までこどもと接する機会がなかった田中は、どうしていいかわからず、こどもたちの自由な世界に振り回され、理不尽な言動をしてしまったことや、傷ついたこどもの気持ちに寄り添えなかったことが沢山ある、と反省している。

運営に関しても、全員が対等な立場で話し合うことを重要視した。そのために「トップを置かないこと」「ミーティングを団体の意思決定の場とすること」を取り決めた。この方法は時間がめちゃくちゃかかるが、全員が尊重されるためには必要なことだと思い、取り組んできた。しかし、全員の合意が取れなくても、団体として判断を下さなければならないこともある。そもそも、ミーティングだけで全員が言いたいことを言えるわけではなかった。何かしらの力関係や言葉を飲み込ませてしまうものが、人と人の間には必ず生じる。単純で表層的なことから、複雑で根深いものまでさまざまだろうが、それらに無知で無頓着であったために、誰かを傷つけたり追いやってしまうことにつながったこともあった。

反省も多いが、それでも私たちがあの時動いたことは間違いではなかったと思っている。動かなければ、失敗も気づきも何も得られなかった。何より、傍観者でいるわけにはいかなかった。

混乱の中、無事にキャンプが実施できたこと、そして10年間活動を継続してこられたことは決して奇跡や偶然ではなく、多くの人々の賛同と関わりによって支えられた結果だ。夢物語を現実にするために尽力した人たちがいたからだ。心を尽くしたすべての人に感謝と労《ねぎら》いの意を表したい。そして、これからは私たちも誰かの夢物語を支えられたらと思う。

団体名	ゴー！ ゴー！ ワクワクキャンプ （2011年設立）
初めて開催したのは	2011年5月 （通算11回開催）
開催時期・期間	2011年と2012年は春（約1週間）と夏（約1ヶ月間）、2013年以降は夏のみ。2019年は約2週間の開催。
開催場所	2011年は京都市左京区、2012年以降は南丹市園部町
対象	放射能の不安を抱える地域（東日本）に居住するこどもと保護者
受け入れ人数	約45人（一日あたりは15〜20人）
スタッフの人数	コアスタッフ5〜10人（年によって変動あり）、ボランティアスタッフ約80人
大事にしていること	宿舎は自然豊かな農村の古民家。「田舎の親戚の家でのんびり過ごす夏休み」をイメージしています。有機野菜や平飼い卵、薬品や添加物不使用の調味料など、食材選びに気をつけています。
団体URL等	HP http://55wakuwaku.jugem.jp/

のびのびキャンプ〈モモの家〉

誰かが困っていたら助けられる人が助ける、ないものは自分たちでつくる

――あのキャンプは「モモの家」の活動の延長線上にあった

話し手　のびのびキャンプ代表　松村志保

大阪府吹田市の住宅街で、古民家を丁寧に手入れしながら約25年にわたって続けられ、全国から見学者がくるなど、コミュニティスペースとして名前の知られた存在である「モモの家」。ここに集う人びとが、ものすごい瞬発力と集中力で結集して2011年8月に開催した「のびのびキャンプ」を、モモの家運営メンバーでキャンプの代表だった松村志保さんと振り返りました。

だれもやらないなら自分がやろう！

松村志保（以下、志保）：「モモの家」につながる人たちは、もともと生物多様性とか、上関原発[1]の建設反対とかに関わっていた人たちがたくさんおって、原発や放射能の問題については、よく知っとったんよね。だから東日本大震災と福島原発事故が起きたとき、みんながモモの家に集まってきて、何ができるか話し合った。まずは、津波と原発事故でこれからたくさんの人たちが西日本に避難してくるかもしれないから、受け入れる体制を作ろうって話し合った。実際に東日本からの避難者さんを自宅で受け入れた人たちもいたよ。

でも当時は、原発事故もあったし、交通とかも止まってたから、現地の状況をわかっている人はほとんどおらへんかってん。だけど、原発事故の直後からバスを走らせて東北に通っていた人と知り合って、話を聞きに行ったら「現地で足りないものは情報と保養キャンプ」と言われてん。

「情報」の方に対応するために、たくさんの市民が結集して計画されたのが「はっぴーあいらんど新聞」の発行だった。未曽有の原発事故に直面した人たちに対して、とりあえずしばらく不安な地を離れて心身を休めてほしい、と伝えたかった。避難しなくてもできるセルフケアとか、全国各地で受け入れ態勢を整えている人たちの情報も伝えたかった。その編集に協力した志保さんは、新聞が出来上がるにつれて、もう一つ足りないもの「保養キャンプ」のことが気になり始める。

志保：新聞の記事にするために、福島県から京都に避難してきた人にインタビューして、現地の状況を知って衝撃を受けた。だから、キャンプが必要だということは分かっていたけど、「自分がやる！」と言う人はなかなかおらへん。「だったらもう自分がやろう！」という気持ちになって決断してん。私が「やる！」って決めたら、いろんな人たちが集まってきてくれた。

とにかくなんでもください！

今思い起こすと、「モモの家」を起点とする多様な人脈を通じて、どんどん個性豊かな人材が集まってきたといえるだろう。しかし志保さんは苦笑いしながら、「テレビドラマって、いろんな個性の強い変な人がたくさんでてくるやん？　そんな人おるんか！　みたいな。でもあのキャンプは、テレビドラマより強烈なバージョンだった」という。

志保：キャンプをしようという一点だけでたくさんの人が集まってくれたけど、私自身は初対面の人もいっぱいおった。まあ、はじめましての人と、初めての場所で、たくさんすぎるボランティアもふくめて、にわか仕込みで始めたようなキャンプだったなあ。企画書をつくって、「こんなキャンプするから、なんでもください」とか呼びかけた。お米とか、野菜とか、とにかくなんでもください、って。脅迫みたいに。そしたら、品物もカンパもたくさん集まってん。三年仕込みのおしょうゆ、手作りみそ、無農薬の梅干し、

1　中国電力が瀬戸内海に面した山口県熊毛郡上関町で建設を計画している新規原発。予定地の真向かいに位置する祝島の住民を中心に、粘り強い反対運動が約40年にわたって続いている。福島原発事故を受けて工事が中断して10年が経つが、国は建設推進の姿勢を崩していない。

地元の農家さんからのたくさんのお野菜。どれも心のこもった素晴らしいもので、むっちゃ嬉しかった。

そんなゆるゆるとした話し方の志保さんだが、見せてもらった分厚いファイルには、第1回実行委員会のレジュメからあらゆる資料がきれいにファイルされている。やると決めてコアメンバーが固まってからは、緻密に準備が進められていった。

志保：参加者を募集し始めて、4家族が福島県から申し込んでくれて、だんだんとイメージができていった。その段階ではまだ、「親子で来るんやから、迎え入れてもなんとかなるんちゃうかな」と思ってた。だけど、南相馬市から障害のある子どもたち5人が、子どもだけで参加することになって、そこから、むっちゃしっかり準備し始めたなあ。命を預かるわけやから、障害のことを勉強したり、必ず誰か一人がそれぞれその子らに付き添うようなシフトを組んだり。

キャンプが始まった！

そしてとうとうキャンプ当日を迎える。兵庫県宍粟《しそう》市のロッジで、2011年8月15日〜21日までの6泊7日のキャンプが始まった。福島からの参加者は子ども16人、大人8人の計24人。

志保：楽しかったなあ。ロッジの露天風呂でやったアマゴつかみ、楽しかった。ロッジのバルコニーから、下を流れている川のほとりまであほみたいに長く竹をつなげてやったそうめん流しも面白かった。キャン

宿舎のロッジにのびのびかんばん

プファイヤーも、川遊びも、全部楽しかった。若者たちにも助けられたよね。コアスタッフが10人くらいで通し参加して、そのほかにのべで50人くらいのボランティアスタッフが来てくれた。若者は、10代の子たちも多かったけど、大人よりしっかりしてるくらいだったよね。

ただ、反省点もいろいろあった。例えば、一人でも多くの人に震災のことを考えてほしかったから、ほんの数時間しか手伝えない人でも、申し出があればボランティアはどんどん受け付けた。その結果、山中のロッジから最寄り駅まで一日に何度も送迎をしなければならなくなり、食事の人数や部屋割りが変動し、送迎を担ったスタッフの負担感も大きくなった。

志保：ボランティアさんが連れてきた犬が、にぎやかさに驚いて子どもを噛んでしまった出来事……あれは本当につらかった。もうこれですべて終

のびのびあらいもの

わったって、本気で思い詰めた。

あのキャンプ中、なんでか分からへんねんけど、何かトラブルがあるたんびに、ごめん、ごめん、私のせいだって思って、どんどん苦しくなっちゃった。だから、自分の取り組みとしてせざるを得なかったし、やりたかったし、すごく楽しかったけど、次の年もやろう、とは思えなかった。ずーっと淡々と続けて、あのキャンプが次世代まで子どもたちの成長を見守っていけるような場所になったらよかったかも、という気持ちもあるねんけど。

あのキャンプは、「モモの家」でやって来たことの延長線上に

志保さんが自分の気持ちを偽らなかったから、キャンプは継続されなかった。でも、キャンプをきっかけにして、震災のことを考え続けるいくつものプロジェクトが、「モモの家」を舞台

に生まれて継続されている。

改めて思う。なんであんなことが可能だったのか。あの瞬発力と集中力はなんだったのか。みんなの思いが短期間でどうしてあのような形にまでまとめ上げられたのか。

志保：「モモの家」でやって来たこと、やろうとしてきたことをやったら、ああいうキャンプになったんだと思う。「モモの家」のコミュニティは、誰かが困っているなら、助けに行ける人が助けに行く、というコミュニティだから。それと、政府が頼りなくてちゃんとしてくれなくても、必要なことがあるなら自分たちで作る、というコミュニティでもある。だから、その通りにやったらああいう保養キャンプになった。支援ではなくて、仲間になって学びあう。

2011年の3月11日より前だって、上関原発を無理やり建てようとしてたり、自然破壊の開発とか、辺野古の新基地建設[2]とか、どれもそうだけど、政府が嫌なことばっかりやってくるわけやん。若者がハンストして命がけで訴えても、[3]その声を聞かへんやん。だからあてにしない。自分たちでやれることをやる。私の中では上関原発への反対も、生物多様性が破壊されないようにすることも、保養キャンプも、どれも同じひとつの線上にあったことやった。

2　沖縄県名護市の東海岸側の大浦湾を埋め立てて強行されている、米軍の新しい基地建設。反対する住民らは2004年4月以来、一日も欠かさず現地で座り込み等の抗議活動を続けている。

3　上関原発をはじめとする新規原発建設計画の白紙撤回や福島原発事故被害者への補償などの請願を掲げ、2011年9月11日～21日にかけて、19歳から22歳の若者4人が経済産業省正門前で行った10日間のハンガーストライキ。のびのびキャンプのスタッフだった若者の多くが、このハンストに関わった。

そこにすでに、当たり前のようにコミュニティがあった。「モモの家」を舞台に、共に働き、時にぶつかって離反し、また近づきながらそこにあった。だから、原発事故という一大事に、あのように人びとが瞬間的に集ってチームになることができたのに違いない。平時にできないことが、非常時にできるわけがないと言われる。「モモの家」ののびのびキャンプは、時間をかけて紡ぎだされたコミュニティがもつ可能性と底力がそっと姿を見せたものだったのではないだろうか。

（まとめ　宇野田陽子）

団体名	のびのびキャンプ　(2011年設立)
初めて開催したのは	2011年8月　(通算1回開催)
開催時期・期間	2011年8月15～21日（6泊7日）
開催場所	兵庫県宍粟市山崎町
対象	地震や原発事故の影響のある地元から離れて関西で夏休みを過ごしたいと考えている方
受け入れ人数	大人9人、子ども14人
スタッフの人数	約60人（コアスタッフ約10人、ボランティアスタッフ約50人）
大事にしていること	たった一週間ですが、自然豊かな山崎町のコテージで一緒にご飯を食べたり川で遊んだりして心身を休めてもらうこと。出会いがお互いの理解を深め、次へ進むエネルギーとなること。

心援隊《しんえんたい》

常に出来る事を手探りで、でもとにかく動いた……そして保養へと

心援隊　夏村ゆみ

3・11　震災発生！

２０１１年３月11日14時46分、東北・関東地域で大きな地震が発生し、その後しばらく余震が続いた。少しして『東日本大震災』という名称が付き、『未曾有』という、これまで見た事も聞いた事もなかったような難しい言葉を知ったのは、それが大きな地震にとどまらず、福島第一原発の事故を引き起こし、目に見えない恐怖と共に生きていかなければならない、大惨事が起こってしまったからである。

当時私は、仕事の傍らで色んなイベントや活動に楽しく参加しており、13日に開催予定の『ハッピー植林フェスティバル』にもスタッフとして関わっていた。

2011年3月13日　心援隊発足のきっかけとなったイベント『今、僕たちにできること』
登壇者、田中優さん、てんつくマンさん

　このイベントは、てんつくマンこと軌保博光さん（のりやすひろみつ：路上詩人・映画監督・元吉本お笑い芸人）が代表だった『NPO法人メイクザヘブン』が主催。大阪の豊中市民会館で、音楽ライブやトークショー等を通じて地球環境につい て考えたり、モンゴルの砂漠での植林活動を知ってもらう等、まずは「小さな事からでも皆で出来る事やっていこー！」というお祭り的内容で毎年人気があり、この時も2500円の前売りチケット（10本分の苗木募金込み）が既に数百枚も売れていた。ところが、その開催2日前に同じ日本で大震災！「イベントやってる場合か?」「チケットかなり売れてるし……」「やっぱ来場する人いるよね?」「どーする?」「どーしよう?」「何が出来る?」と、急遽スタッフミーティング。

　結果『今、僕たちにできること』という被災地に対して何が出来るかを皆で考えるイベントに変更。前売りチケット代は返金する事にしたが、受付に巨大募金箱を設置して協力を呼びかけると、ほとんどの人が返したお金をそのまんま、もしくはさらに追加までして入れてくれて、たった１日で凄い金額の愛が集まった！

この日の出演メンバーは、知る人ぞ知る各方面のリーダーの面々が勢揃い。中でも環境活動家の田中優さんの存在が大きくて、私たちはテレビや新聞報道よりも早く、福島第一原発がどんなに恐ろしい事になっているのか、今後の危険性や可能性、そしてどう回避すべきか等を知る事が出来た。この事が今現在にいたるまで活動を続けるベースとなった。又、阪神・淡路大震災で活躍された、今は亡きボランティア活動家の山田バウさんの「動ける者は動け！」という言葉は強く響いた。イベント終了後すぐ出演者、スタッフ、関係者、そしてお客さんの中からも「何かしたい！」と声を上げた有志たちと、これからについて時間の許す限り話し合い、『め組ＪＡＰＡＮ』結成となった。

３・14現地へ！

ここからの動きは速く、まさに怒涛のような日々だった。

14日、まずは現地の状況を知る為に、集まった寄附を持って７名がマイクロバスで被災地へ向かった。ＳＮＳ等を活用して需要を調べ、物資を集めたり購入したりしながらの北上。

道中ツイッターで福島第一原発での爆発事故情報を入手。目前の危険と今後を熟慮する為に、一旦新潟に入り１泊してミーティング。15日朝、４名は福島へ向かい、あとの３名は鉄道を乗り継いで引き返す苦渋の選択をした。

大阪では14日から『め組ＪＡＰＡＮ－関西』として支援要請、救援物資・義援金・募金集めをスタート。

凄い勢いで大量の物資と愛のメッセージが届いた。

16日、被災地から4名が帰阪し、現地の悲惨な状況と自分たちに出来る事について話し合った。又、全国で有志が『め組』の名のもと活動し始めたので「お預かりする募金の用途は明確にするべき」と考え、活動の方向性は『福島の子どもたちを放射能から守りたい！』、団体名称は『心援隊』に決定。

17日、1人でも多くの人に正しい情報を伝え活動仲間も増やそうと、顧問になってもらった田中優さんの講演会をカンパ制の無料開催。「お金はないけど想いはある！」という若者が沢山仲間入り。当時連絡網のメーリングリストは500人超え、実働ボランティアスタッフも数えられないほど居た。

18日からはほぼ毎日、歌手の森源太さん（今も心援隊の応援隊長）筆頭に色んなミュージシャン協力のもと、あちこちで募金集めのチャリティーライブを遂行。阪神・淡路大震災を体験した地域の方々は「他人事ではないから」と有難い対応をして下さってとても嬉しかった。

子どもたちの受け入れ開始

19日「避難したいけど身動きがとれない！」等の現地の声に対応すべく、バスで送迎する『赤ちゃんプチ引越しプロジェクト』をスタート。混乱が続く中、SNSを活用して情報を広めた。また子ども連れや妊婦さんの乗車を考えて、助産師や看護師にも同乗してもらった。往きはバスや同行する車に積める限りの支援物資を積み、避難所を回り配りながら情報やニーズの収集。この時初めてガイガーカウンターを持参したが、被災地へ近付くにつれて鳴り響く音に、本心はとても怖かったと同行した1人に後で聞いた。この第1便では福島の避難指示区域からの2家族8名が大阪へ。この日から、受入れケアチームも始動。

第2便を27日~29日、他計4回行い、福島だけでなく宮城や茨城からの赤ちゃん、子ども連れ、妊婦さん……と、どんどん大所帯になっていった。初期は名のある大きな寺院にお世話になり、個室や台所、浴場等、共同生活の場を広く提供してもらえて本当に助かった。

最初の2組は原発近くの避難指示区域からだったので、早々に大阪での新生活を選択され、ＵＲ住宅を見つけ、４月６日新学期前に新居へ引越し。スタッフがメーカーさんに直談判、協力依頼して寄附してもらったランドセルが入学式に間に合ってとても嬉しかった。

お寺での共同生活の家族さんたちも夏頃には皆、次のステップが決まり、それ以外の問合せや相談、自主避難の方々も含めて住居を探し、引越しを手伝い、生活に必要な物を揃え提供する……を繰り返した。

この頃、テレビの情報番組やラジオ、新聞等で活動が取り上げられ、沢山の方々から協力が得られてとてもラッキーだった。

関西では京都府が福島県の支援を担当していたことから、京都の市営住宅等に入居できた家族さんも多く、他に奈良の住宅で2組シェアとか、大阪府北部の一軒屋を無償提供とか、一般の賃貸物件を家主さんに交渉して値引き入居とか………関西以外でも岡山・四国・九州・沖縄等につないで、避難・移住先が決まっていった。

また福島の『ＮＰＯはっぴーあいらんど☆ネットワーク』、自然食レストラン『銀河のほとり』さんと連携して『福島復興プロジェクト』にも加わり、６月には放射能汚染から身体を守る情報を載せた『はっぴーあいらんど新聞』を共同発行。

「知識は最大の防御」という考えから田中優さんの講演会を全国各地で開催。自分たちも学びが多い中、先を見据えて保養の必要性を考え始め、チェルノブイリ原発事故後から子どもたちを日本に招いて保養を

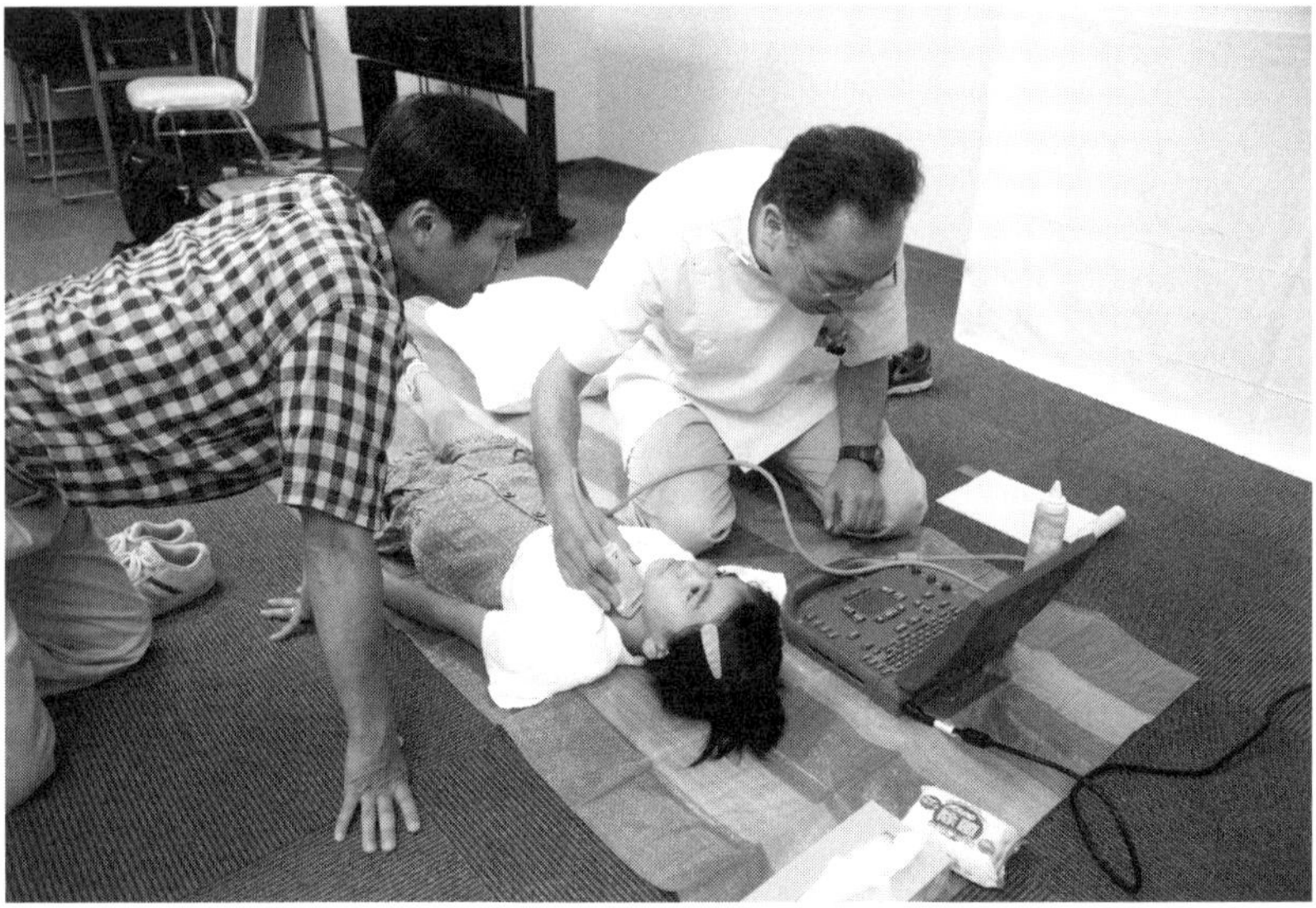

保養プログラムの1コマ、甲状腺のエコー検査など健康診断を行う

続けてこられた『NPO法人チェルノブイリへのかけはし』代表の野呂美加さんに来て頂き講演会を開いたり、直接色々教えてもらった。

2011年夏は、初代代表の故郷沖縄への保養ツアーを開催したが、費用がかさみ人手も足りない事もあり、同年冬から子どもたちの長期休みに合わせて大阪へ招く『疎開・保養プロジェクト』に変更、手探りでのスタートとなった。

これまでの活動経験から子どもだけを預かり受け入れるキャンプではなく、保養をきっかけとしての避難・疎開・移住という可能性も考慮し、そういったことを決めることのできる、親権のある保護者同伴、ホテル滞在型にして、ゆっくり向き合い関われる時間をとれるようにした。最初の頃はマイクロバスで福島―大阪間を送迎していたが、途中福島以外からの参加者も増えてきた頃、交通費支給で大阪集合に変更。最近は集合場所の心援隊事務所まで各々で来てもらうようにしている。滞在中の費用は全て無料、往復の交通費も応相談という形にしている。

心援隊の保養は、デトックス可能な安心・安全にこだわった食事、太陽の下での放射線による制限のない外遊び、本音で話せる関係・環境づくり、のんびりゆったり癒される時間、子どもたちの体験や成長の場、甲状腺エコーや健康診断等々、毎回可能な限りのベストプログラムを考えて提供する工夫や努力をしてきた。トライ&エラー、ひとつずつ学び少しずつ前進、成長……これまでに23回の保養プロジェクトを開催してきた。

参加者さんの中には関西だけでなく全国各地、遠くはヨーロッパまで、ご縁繋がりで避難移住された方々も多く、大阪での暮らしを選んだママたちは、嬉しい事に今はスタッフ入りして一緒に活動してくれている。

そして、これから

振り返れば色んな事があった。中でもやはり辛く心が痛いのは子どもたちの健康被害の現状と、保養に行く事さえ言えない環境下でのママたちの苦しみや不安。国の決めた線引きでの分断・対立の哀しさ。子どもたちは本当に全てからの被害者……この子たちを助けたい！　この子たちの未来を守りたい！　想いは強く募るけれど、10年も経つと色々あって、事務所の引越し、代表含めスタッフの入れ替わりや激減、経済的な継続危機も何度もあった。それでもいつも瀬戸際でギリギリセーフ！　神様とか、何か大いなるものに護られて来たように感じる。

２０２０年春休みに24回目の保養プロジェクトを決め募集をし参加家族さんも決定した頃、新型コロナウイルスの流行でやむなく中止。同夏休みも同じく……で、今ここ２０２１年2月、大阪含め全国で緊急事態宣言発令中。まもなくあの日から丸10年の3月11日を迎える日本。

可能な限り今年こそ保養を再開したいと願いながら、様子見の日々……。

こうして心援隊が活動を続けて来られたのは、本当に沢山の方々の愛と協力のおかげさま。これからもまだまだマンパワーも資金も必要なので、是非ともあなたの力を貸して欲しい。

世界も日本も心援隊も私自身も、この先どう展開していくか？　正直はっきりとはわからない今だけど……。

この本が出版される2021年11月には、どうか平和な毎日が戻っていますように！　との祈りと、これまでの道のりに心からの感謝を込めて……。

団体名	心援隊（しんえんたい）（2011年設立）
初めて開催したのは	2011年夏　（通算23回開催）
開催時期・期間	現在は年2回（春休み・夏休み）1週間程度 2011〜15年は年3回（春休み・夏休み・冬休み）
開催場所	大阪府周辺
対象	東北及び関東の放射能汚染の不安を抱える、子どものいるご家族
受け入れ人数	3〜5家族
スタッフの人数	約20人（コアスタッフ5人、ボランティアスタッフ約15人）
大事にしていること	安心安全な食事・太陽の下での外遊び・健康診断・体験や成長の場。 本音で話せる関係/環境作り・癒しの時間。
団体URL等	HP　http://www.shinentai.net/ Blog　https://ameblo.jp/shinentai/ Twitter　https://twitter.com/_shinentai/ Facebook　https://www.facebook.com/shinentaiosaka/

【コラム】
チェルノブイリ原発事故の経験を東電福島第一原発事故の被災地で活かす

チェルノブイリ・ヒバクシャ救援関西　振津かつみ

東電福島第一原発の重大事故の直後
～被ばくを避けるために

チェルノブイリ原発重大事故（1986年）から5年目に発足したチェルノブイリ・ヒバクシャ救援関西（以下、救援関西）は、チェルノブイリ被災者への支援・交流と共に、「繰り返さないで！　チェルノブイリ」と脱原発にも取り組んできました。そして2011年4月のチェルノブイリ原発事故25周年の催しの準備をしている最中に、東日本大震災による東電福島第一原発の重大事故が起こったのです。

爆発した原発から放出された放射能のために、福島と周辺県、さらに首都圏も含めて空間放射線量率が明らかに上がる中で、「直ちに健康上問題ありません」と政府は繰り返し発表しました。そして「計測された放射線、正しい知識を……」というニュース解説が全国放送で流されていました。

その内容は、病院で撮影する胸部レントゲンの医療被ばく（50マイクロシーベルト）などの数字とだけ比較して、「心配はない」「安全だ」という説明です。しかし、実際の空間線量率は、例えば3月15日（2号炉の格納容器の破損の直後）にいわき市で観測された値は「毎時23・72マイクロシーベルト」と報道の中の映像で表示されており、2時間ごとに1枚ずつ胸部レントゲンを撮影し続けているような数値を示していたのです。これは、「直ちに健康影響は見られない」が、将来的な被ばくによる健康リスクをもたらす放射線に人々が曝《さら》されていることを示していました。

「繰り返さないで！」と訴えてきたのに、私たちは、この日本で重大事故が起こる前に、日本政府や電力会社による原発推進を止められなかった……と、深い悲しみと悔しさに打ちのめされました。そして「少しでも被ばくを避けるよう被災地の人々に知らせなければ」「子どもたちだけでも、避難させることはできないだろうか」等々、思いを巡らせながらも、関西にいて何もできないことに焦りともどかしさを感じながら、暫く悶々としていました。

そんな中、3月末に京都大学の学生さんから「チェルノブイリの経験を話してほしい」との要請が救援関西の事務局の振津かつみにありました。京都大学で行われた講演会には、100人以上が参加していたでしょうか。何かしなければ……という張り詰めた雰囲気が感じられました。振津は、救援関西のチェルノブイリ被災地支援・交流活動の中で知り得た、チェルノブイリ被災地の現状や被災国政府による施策――高汚染のために多くの人々が故郷を後にして移住しなければならなかったこと、事故直後には原発から100㎞も離れたキエフなどからも子どもたちは一時避難のために夏キャンプに送られたこと、放射能汚染地で暮らす人々の苦労、小児甲状腺がんの増加をはじめとする健康被害、被ばくから身を守るために行われている様々な施策、食品の放射能測定、健康診断、そして、子どもたちの被ばくを少しでも減らし、健康を回復するために毎年、数週間行われている非汚染地での保養のこと、等々について話しました。

いち早く、事故後2ヶ月に満たない5月の連休に、京都で保養キャンプを開催したゴー！ゴー！ワクワクキャンプ（以下、ゴーワク）の若い人たちも、この講演会に参加していたとのこと。振津が話したチェルノブイリの経験が、皆さんの保養キャンプの取り組みに、何らかのヒントになったのであれば幸いです。当時、保養のノウハウや準備時間も十分になかったでしょうし、受け入れた人数や日数も限られたものだったとは思いますが、被災地で放射線量がまだとても高かった事故直後のこの時期に、福島から遠く離れた京都で子どもたちを受け入れて下さったことは、参加した子どもたちの将来にとって、とても意義あることだったと思います。

福島にチェルノブイリの経験を伝えて

4月に入って振津は、京都の学生さんたちと一緒に福島市、伊達市、飯舘村を初めて訪問しました。現地の市民団体や社会福祉協議会などを訪ね、チェルノブイリ被災地での経験などを踏まえ、原発から30㎞以上離れた福島県内陸部の市町村での当時の放射線量（毎時、数ミリ〜数十ミリシーベルト）の中で、将来の健康リスクを減らすために、できるだけ体内外の被ばくを避けることが必要なこと、子どもたちには特に気を配って守ってあげてほしい……等々、話して回りました（たしか5月連休の京都での保養キャンプの案内チラシも配布したように思います）。その頃、福島県各地では、私たちとは違う考えを持った「放射線の専門家」たちが、政府や行政と一緒になって「100ミリシーベルトまでは被ばくしても、明らかな健康への影響はありません」、飯舘村でも「子どもたちを外で遊ばせても大丈夫です」といった内容の講演会を開催していました。そのような中で「何を信じていいのかわからない」と戸惑っている人もいて、信頼できる情報を求めて私たちの話に耳を傾けてくれる人々も多くおられました。ただ、行政の対応は、自治体によって様々でした。

事故翌年の2012年春には、ベラルーシのチェルノブイリ被災地から、私たちが親しく交流をしてきた小児科医と元教師をお招きし、福島を訪問しました。お二人は、25年前の自分たちと同じように、子どもたちの健康を心配する福島のお母さんたちの思いを受け止め、放射能から子どもたちを守るための具体的な日常のアドバイスを語ってくれました。「大人たちの心配な気持ちやモメ事を、子どもたちの世界に持ち込まないように。外で自由に遊べなくなった子どもたちには、家の中でも、できるだけリラックスして過ごせるように気をつけてあげて」とも話されました。

ほようかんさいの活動に関わって

救援関西には、ほようかんさい（以下「ほよかん」）の皆さんのように、保養キャンプを主催できる力量はありませんので、ゴーワクをはじめ関西のいくつかの保養キャンプのサポートに回っています。メンバーに看護師と医師がいますので、夏キャンプの事前のボランティア・スタッフ説明会で救急処置の講習を担当したり、キャンプ期間中に「陣中見舞い」を兼ねて、子どもたちの「健康チェック」をしています。リピーターでキャンプに参加している子どもさんたちが、年々成長していく姿を見て頼もしく感じています。

また、いくつかの保養キャンプでは、親御さんとの健康相談やボランティア・スタッフの方々も交えた交流会で、振津がチェルノブイリや被ばくと健康の話をさせていただいています。そのような場で、お母さんたちが日頃の思い、放射能の心配、子どもの健康への不安、普段は不安を周囲に語れない雰囲気の中にいて一人で悩んでいることなど、ご自身の様々な体験や思いを語って下さることも度々ありました。保養キャンプは、子どもたちだけでなく親御さんたちにとっても、悩みや心配ごとを共有してもらえる、大切な「休養の場」でもあると思います。同時に、保養に関わる人々が、東電福島第一原発事故の被害者の方々から学ぶことのできる場でもあると思います。

子どもたちの個性や自主性を尊重しながら、一人一人と真剣に向き合おうとする「ほよかん」の、それぞれの団体のスタッフの皆さんの姿には、本当に頭が下がります。そのような「真剣な大人たち」のいるキャンプに参加して成長した子どもたちは、きっといつか自分たちに向き合ってくれた大人たちの姿を思い起こす時が来るのではないかと思います。

事故から10年～保養のこれからは……

事故から10年以上が経って、放射能の自然減衰や除染で、全体として被災地の放射線量は事故直後よりはかなり下がっています。しかし旧避難区域以外でも、所々に残るホットスポットや山林では、まだ放射線量の高い所があります。もし保養の意義を、「子どもたちの被ばくを避けるため」ということだけに限るならば、時間の経過とともに保養のニーズも減る一方かもしれません。しかし、これまで10年間、取り組まれてきた保養には、それだけに留まらない様々な意義が、参加した子どもや親御さんたちにも、また受け入れてきた「ほよかん」の皆さんにとっても、積み重ねられ、深められてきたような気がします。市民のボランティアで、参加者とともに作り上げてきた保養のこれからは……様々な発展の形が期待できるのではないでしょうか。

「保養」は本来、「心身の健康の回復と健康増進を図るため」のものです。その意味では、被災地の放射線量が下がっても、被ばくを強いられた被害者にとっては必要です。本来なら、原発を推進して重大事故を起こし、人々を被ばくさせた国の責任で、全ての被害者が生涯に渡って、健康を守るために保養に参加する権利があるのだと思います。

第2章

子どもも大人も共に育っていく

たこ焼きキャンプ《福島の子どもを招きたい！ 明石プロジェクト》

キャンプのかなめは「子どもが決める」

福島の子どもを招きたい！
明石プロジェクト代表　小野　洋

トラブルから始まる子どもたちのドラマ

「マスター、ちょっと来てー！　うるさくて眠れないの」

２０１６年の夏のキャンプ、子どもたちが共同生活に慣れてきた夜のこと。「事務所」と呼ばれている小さな部屋で、学生ボランティアとその日の出来事を振り返るミーティングをしている最中だった。「マスター」は私のキャンプネーム。呼びに来たのは、その年、家族から離れて一人で参加していた小学1年生。男子14人と宿直のボランティア２名が雑魚寝する大広間の布団の上で、大々的なバトルが始まっていた。

20名以上の小中学生が12～13日の間、24時間寝食を共にする「たこ焼きキャンプ」。子どもたちのけん

キャンプのごはんは僕らにまかせて！

かは珍しい事ではなく、むしろ人とのぶつかり合いの経験が減っている中、貴重な成長の場であるとさえ私は考えていた。手が出始めたら制止するが、口で言い争うくらいなら、様子を見るようにしていた。しばらくすると、けんかしていた同士が仲良く遊んでいたり、帰りの新幹線で別れを惜しんだりする光景もよく目にしていた。

ただ、この日から男子部屋の「けんか祭り」が恒例となり、さすがに閉口した。翌朝早くに宿舎近くの須磨の海で泳ぎや釣りをすることもあり、子どもたちを早く寝かせたかった。「祭り」の中心にいたのは、この年初めて参加したケント君。カッとなるところもあるが、昔よく居たようなやんちゃ、かつ人懐こい男子で、海や川で気持ちいいくらいよく遊び、料理当番の時はエプロン姿で張り切っていた。

一、二日様子を見た後、ケント君、それから彼とよくぶつかる男の子何人かを一人ずつ呼び出し、話を聞いた。以前のキャンプの経験でも、説教をするのではなく、両方からよく話を聞くことで、落ち着くことが多かったからだ。しかし、今回はなかなか収まらず、手を焼いていた。

子ども担当（期間中ずっと子どもの世話をするスタッフ）の一人、みーこさんに相談すると「もしかしたら一つの学校からたくさん子どもが来てるせいもあるんじゃないかな」との答え。2回目のキャンプからはリピーターの子の参加が多く、新しい子はその親の紹介で来る場合が多い。そのせいか、この年は参加者の半数以上が、福島県内のある一つの小学校の子どもだった。そうした偏りを心配した親が、他の学校の子にも参加を、と考えて紹介してくれたのがケントだった。

キャンプの後半に姫路の宿舎に移った最初の夜、みーこさんが、その小学校の子たちだけを集めて話を始めた。

「なあ、もし自分がケントみたいに、まわりはみんな同じ小学校で、自分にほとんど知り合いがいなくて、長いキャンプを過ごすことになったらどう思う？」

こうしなさい、ああしなさい、ではなく、子どもたち自身でどうしたらいいか考えてもらった。

こうした子ども中心の話し合いは、毎年キャンプを繰り返す中で作られてきたスタイルだ。そのやり方がようやく子どもたちに根付いていた時期でもあった。

それでもすぐには変わらず、小さないさかいは続いていた。しかし、こんな出来事があった。

キャンプの最終夜、室内を暗くし、子どもたちとスタッフ、ボランティアが丸くなって座り、小さな灯りを囲んで、キャンプの感想をお互いに伝える「ふりかえり」の場でのこと。楽しかったこと、困ったことなどを子どもたちが静かに話し、半周くらい進んだ時だった。ケントが突然涙を流しながら、こんなふうに語り出した。

「僕は…僕は……シンジ君やフータ君とか…5年生の人たちとカードゲームで一緒に遊べたのが楽しかっ

たです。…来年も、たこキャンに来たいと思います！」

周りとぶつかり続け、もしかしたら大きな疎外感を抱いたまま帰るのではないか、とケントを心配していたスタッフもグッときていた。その後、子どもたちの多くが、話しながら泣き出してしまい、終わってから女の子たちが泣き止まず、スタッフが寝かしつけるのにひと苦労するほどだった。

大人の知らないところで、子どもたちが考え、何かが変わっていったのだと思う。

子どもたちが決め、子どもたちが作る

「たこ焼きキャンプ」……その名は、スタッフの一部メンバーが2011年5月に会津若松市の避難所でたこ焼きを振る舞った経験と、団体所在地の名物にたこ焼きの原点ともいわれる「明石焼き」があることに由来する。原発事故後、深刻な状況の中にいる親子の気持ちを少しでも和らげたいと、この名前に決めた。

子どもの体内の放射性セシウムがかなり減ると言われている3週間の期間の実施にしたかったが、それだけの力はなく、2週間が精一杯だった。直接子どもと過ごすスタッフだけでなく、食事や洗濯など身の回りの世話を担うスタッフも、できるだけ常駐するために、仕事を休んで臨んでいた。半年前に決めたキャンプの日程を元に年間の自分のスケジュールを決めるスタッフもいた。私たちにとっては「総力戦」だった。

子どもと接する仕事の経験がある、または福祉関係の仕事についているスタッフが多く、阪神・淡路大震災で被災経験のあるスタッフも多かった。子どもたちへの視線や見方はとても柔らかく、そんな受容的

な雰囲気の中、「地」が出るためなのか、子どもたち同士のトラブルも多かった。

子どもたちと話し合い、子どもたちと決めていくやり方にしていったきっかけは、宿泊の「部屋割り」問題だった。当初は宿泊する部屋ごとの子どもたちの組み合わせをスタッフが決めていたが、3回目のキャンプで、「誰と一緒がいい」「誰とはイヤ」ともめて収拾がつかなくなり、やむなく子どもたちを集めて話し合い、部屋割りを決め直した。すると、嘘のように子どもたちから文句が出なくなった。子どもが自分で考え、自分で決めることで、他者のためにがまんする、全体を考えるようになるということを見せつけられた。

その翌年から、キャンプ前に2回スタッフが福島に行き、子どもたちとプログラムやルールをゼロから話し合う「中《ちゅう》だこ会議」*を始めた。子どもたちが自分たちで夕食のメニューを決めて作り、楽しみにしている行事「おでかけ」や「夏まつり」を企画し、ゲーム機など持ち物のルールも話し合って決めるようにした。おかげで、子どもたちは熱心においしい料理を作るし、ルールも進んで守ろうとするようになった。なにより、このキャンプが自分たちの居場所だ、という意識が強くなった。そうした経験も含めた親元を離れての共同生活を通して、「成長して帰ってきた」という親の声も多く聞かれるようになった。

最初から「子どもたちの成長を」と考えていたわけではない。子どもたちに被曝の可能性が高い場所からできるだけ長期間離れてもらいたい、安心して自然体験することも含めて、いきいきとした夏休みを過ごしてほしい、そのために共同生活で生じるトラブルを、逆にいい経験に変えてもらいたい、という願いから、あれこれ試行錯誤してきた結果だ。

今も、人間関係のトラブル等で嫌な思いを抱えて帰った子がいるのでは、という気がかりはある。原発事故のために理不尽に健康不安を抱えさせられ、自然に触れる機会を妨げられた子どもたちに、せめてい

夏まつりのステージ、心をこめたダンス

い時間をプレゼントするのが保養キャンプ……子どもたちが少しでも楽しい思い出を持ち帰ってくれているようにと、心から願うばかりだ。

福島の親子とのつながりの中から

子どもたちと再会し、親と交流する「同窓会」も毎年冬に福島で行ってきた。２０１１年12月の最初の「同窓会」は、もう一度会いたい、というただそれだけの願いで始まった。（最初のキャンプが終わった直後は、２回めをやるかどうかも決めていなかった）。幹事役の親が主催し、行政からの補助金も取ってくれた。その後「たこ焼きキャンプＦＵＫＵＳＨＩＭＡ」という親の会も生まれ、その主催で２０１９年まで毎冬行われてきた。

＊「たこ焼きキャンプ」という名前から、キャンプを運営する大人を「大だこ」、参加する子どもを「小だこ」と考えて、キャンプの企画運営に参加する子どもたちのことを「中《ちゅう》だこ」と呼ぶことにした。

何回目かの同窓会の夜、酒も入った宴のさなか、スタッフの一人があるお母さんからこんな話を聞いた。

「この子は、たこ焼きキャンプに育てられたようなものです」

毎回キャンプが終わると、とてもいきいきとした表情で帰ってくるという。ふだん学校に行っているのとはまったく違う経験をしたのだとわかる、と。そして、そのお母さん自身が体験した原発事故ゆえの偏見や差別の話をしたうえで、

「息子も、もしかしたら大人になって、県外に出て、差別され、傷つくかもしれません。でも、その時、子どもの頃にたこ焼きキャンプで兵庫県の人たちに優しくしてもらったことが、きっと心の支えになると思っています。こんなに真剣に、温かく寄り添ってくれる大人もいるんだと」

そのたこ焼きキャンプも、新型コロナ感染の影響で2020年から開催を断念している。福島の親子の生活が落ち着いてから久しく、保養への直接のニーズも当初の被曝の回避から変わってきていることも感じている。スタッフが「総力戦」に取り組むことも、それぞれの事情で難しくなってきている。

しかし、原発事故の影響は簡単には終わらない。今後、どのようなことをやっていけるのか、悩みもするが、これまで作られてきた親子とのつながりに大きなヒントがあるのではないかと思っている。

・文中に出てくる子どもの名前はすべて仮名です。

団体名	福島の子どもを招きたい！明石プロジェクト・たこ焼きキャンプ　(2011年設立)
初めて開催したのは	2011年夏　(通算9回開催)
開催時期・期間	年1回（夏休み）　12～15日間
開催場所	兵庫県明石市（2011～13年)、佐用町（2012年)、神戸市・姫路市（2013～19年)
対象	福島県および放射線量の高い地域に居住する小中学生(2013年までは乳幼児・保護者も)
受け入れ人数	2011～15年　約35人／2016～19年　約20人
スタッフの人数	約60人（コアスタッフ8人、ボランティア約50人）
大事にしていること	子どもの自主性を大切に（ごはん作り、夏まつり、子ども実行委員会の実施など)。参加家庭とのつながりを重視（毎年、福島にて同窓会の実施など)。講演会等でひろく学びあう。
団体URL等	HP　http://takocamp.sakura.ne.jp/index.html Blog　https://takocamp.exblog.jp/

びわこ☆1《ワン》・2《ツー》・3《スリー》キャンプ

泣いた！ 笑った！ 育ちあった！ びわこ☆1・2・3キャンプの373日

びわこ☆1・2・3キャンプ代表　藤本真生子

どうしたら保養キャンプができますか？

2011年3月。東日本大震災による原発事故で、大地をはじめ山も川も放射能で汚染されてしまいました。「反原発はずっと声にしてきたけれど、まさか実際に起こるとは……」私も含め今まで一緒に活動してきた人たちが一様に感じた衝撃でした。そして子どもたちに取り返しのつかないことをしてしまったという自責の念もまた、心ある大人が一様に抱くことになりました。

ある日、被災地の子どもたちが、夏なのに長そで長ズボン、マスクをして登校している映画のチラシを目にしました。幼い子どもが、家の中で一番線量の低い場所に囲いをしてもらってその中だけで生活している映像も見ました。私は子どもたちになんてことをしたんだろうと涙がとまりませんでした。子どもたちが今まで当たり前にしてきたこと、ここ滋賀では当たり前のことが、被災地に住む子どもたちはできなくなっているのです。子どもたちを外で思いっきり遊ばせたい、子どもたちに元気で大きくなってほしいと心から思いました。

そう思いつつも相変わらずの日常生活を送っていたとき、京都で原発事故に関する講演会に参加したところ、京都で保養活動をしている「ゴー！ ゴー！ ワクワクキャンプ」の関係者に出会いました。保養キャンプなら、自分の住んでいる滋賀でできるかも……。けれどすぐには実行に移せず最初の夏が終わり、それでも……と悶々としているときに、関西で保養キャンプをされた団体の集まりが神戸で開かれると聞いて出かけました。そして実際にキャンプをされた方に「どうしたらキャンプができますか？」と自分のその悶々とした気持ちをぶつけたとき私の背中をポーンと押してくれたのは、忘れもしない「どろんこキャラバン☆たんば」の代表・高橋典子さんの一言でした。「想いがあればできる！」。その一言で私は前に進むことができたのです。

初めてのキャンプができるまで

そして2012年2月19日、今でも忘れもしない大雪の中。第1回キャンプの宿舎となる民宿がある滋賀県高島市マキノ町に、放射能から子どもたちを守るために何かしたいと思っていた人たちがかけつけてくれ、「びわこ☆1・2・3キャンプ実行委員会」が誕生しました。それから3月26日から始まるキャンプまで、参加者の募集をかけ、送迎の手配をし、カンパやボランティアを募り、地域や行政に協力をお願

何が捕まるかな？

いし……みんな初めてのことばかりで、おまけにこういうことをしようと思う人たちはほんと貧乏人ばっかりで、不安を感じていた一部冷静なスタッフもいましたが、そんな不安を感じる暇もないほどとにかく走った、走れるだけ走った1ヶ月余り、何とかキャンプまでこぎつけました。キャンプ初日、バスで10時間かけて宿舎に着いた瞬間、当時小学2年生の女の子が何て言ったと思いますか？「マスクしなくてもいいの?!」これが福島を感じた最初の出来事でした。

このキャンプでは、原発事故が人々の暮らしにもたらした影響を身近に感じ、驚きの連続でした。外でかけっこすること、土筆を摘むこと、葉っぱや石ころでままごとをすること……お母さんと一緒に参加した未就学の女の子たちが「放射能がついてないから大丈夫よ」と言いながらままごとをしていたそうです。

そしてサイクリング。ここ滋賀に来れば思う存分自転車に乗れると思っていたのに、背丈が自転車のサイズに足りずサイクリングに参加できなくなった子どもがいました。その子が大泣きしているとき、私はただただ傍で一緒に泣くしかなかった、彼女が泣きやむのをじっと待つしかありませんでした。この子は1年後の春にもまたキャンプにきてくれて、宿舎の芝生でずっとずーっと自転車に乗っていました。

1週間という短いキャンプでしたが、何なのでしょう……キャンプが終わってから1ヶ月余り、私は通勤の電車の中で一人一人を、一つ一つの出来事を思い出しては涙があふれてきてもう顔をあげることができなくたいへんでした。自分のできることをしよう、と思って始めたキャンプが、実は受け入れ側の私たちこそがたくさんのものをもらったのでした。

2回目のキャンプ、レトロな廃校での思い出

2回目は夏休み、思い切って24日間開催しました。それ以来、学校の長期休暇はずっとキャンプを続けてきました。残念ながら冬キャンプはインフルエンザと胃腸風邪が蔓延し、3回で断念しましたが、春と夏の開催で19回、のべで子ども897名、保護者186名の皆さんの参加がありました。いろんなことがありました。

第2回目の夏キャンプ。途中12日間はしゃくなげ学校という、廃校になった木造の小学校に滞在しました。お出迎えしてくれた人懐っこい地元の子どもたちとあっという間に友達になったのはよかったのですが、「ここお化け屋敷らしいで……」ということばを聞いて子どもたちからは心細い声もチラホラ。「大丈夫、トイレついて行ってあげるから」となだめすかし、しゃくなげの生活がスタートしました。毎日、何回トイレに連れて行ったことでしょう。夜はやっぱりちょっとお化け屋敷風で、ついて行く自分も一人で

琵琶湖畔でスイカ割り

は恐いくらいでした。ドラマや映画の撮影にも使われているレトロな建物で素敵なのですが……。

なかなか寝付けないさみしがり屋の男の子とは、夜中に体育館でバドミントンまでしました。その男の子はキャンプ中ずっとやんちゃをしたかと思うと、こんなふうに甘えたり、となかなか手こずらせてくれた子でした。ところが最終日に福島で別れた後、東京駅に向かう新幹線の中で私は号泣してしまいます。さっき福島駅で別れたばっかりのその子から、私宛にメールが届いたからです。「オカン、困らせてばっかりでごめんね」「ありがとね。オカン」。一番手をやいたその子からのメールに、私は東京駅に着くまで泣きやむことができませんでした。キャンプに関わってくださったすべての方に届けたい言葉。シャイな男の子のせいいっぱいのメッセージ。忘れません。

これまでに出会った忘れがたい一人ひとり

自己表現が苦手な小2の男の子がいました。天敵の年上の男の子にちょっかいを出されては、パニックになり物に当たることが多く、そうなったらクールダウンも兼ねて別室へ一緒に移動しました。そこでお家の様子や学校のことなどを聴いていると、その子は「遊んでくれる友だちがいない」「学校に居場所がない」とポツリポツリと話してくれました。

小6のおとなしい男の子。なかなか学校にも行きづらく、キャンプでも一人でいることが多い子でした。卓球が好きで、友だちと遊ぶのはその時くらいでした。小学校の卒業の時のことです。お母さんから「卒業式で将来人の役に立つ人になりたい、って言ったんです」ってうれしいメールをいただきました。

あるとき送迎の車中でのこと、後部座席でつかみ合いのケンカをしているのを怒鳴ったことがあります。ふつうに我が子に怒鳴っているようで……それに全く聞かない二人もまた我が子のようで……。このやんちゃ坊主二人が気兼ねなくケンカできるのも、この場所に安心してくれているからなのかなぁとも感じられ、手はやけるものの微笑ましい光景でした。

最後に、小学生の頃からずっと参加している女の子の感想文を紹介します。びわこ☆1・2・3キャンプでは、参加者も高校生になればボランティアスタッフになれます。彼女も今では、りっぱなボランティアです。

「一つ屋根の下で40人前後の学年様々な人がいればケンカもするだろうけど、1ヶ月子どもたちもよく頑張ってくれました。みんなはひとりのために、ひとりはみんなのために協力しているのが分かります。自分の頑張りが他の人に認められなくてイライラした時も少しありました。そんな時に私の昔を知っているひとからフォローされて気づきました。誰かに認めてもらうためにボランティアしているんじゃなくて誰かの力になりたいからボランティアしているんだなと。私の幼少期を命がけで育ててくれた今までのボランティアの人と選手交代です。私はいつまでもこのキャンプと関わっていきたいです。次みんなと会える時まで楽しみに待っています。今回関わってくれた全ての人に感謝です。ありがとうございました！」

一時は学校の友だちとうまくいってなかった彼女ですが、今では将来は弁護士か医者になりたいと勉学に励んでいるようです。

放射能から子どもたちを守りたいと始めたキャンプですが、子どもたちとのかけがえのない時間を過ごさせてもらったことに感謝の気持ちでいっぱいです。そしてキャンプで出会えた全ての皆様にもただただ感謝しかありません。保養キャンプが未来につながるひとすじの光になりますように。

団体名	びわこ☆1・2・3キャンプ実行委員会　(2012年設立)
初めて開催したのは	2012年春　(通算19回開催)
開催時期・期間	年2回、春と夏、春は10日間、夏は1ヶ月
開催場所	滋賀県高島市と大津市
対象	小学生以上の子ども
受け入れ人数	40人
スタッフの人数	約60人（コアスタッフ8人、ボランティアスタッフ52人）
大事にしていること	とにかく思いっきり好きなことをして欲しいと思っています。友だちや大人に変に気を遣うことなく、失敗を恐れず自信を持って何でも挑めるような環境作りをすること。
団体URL等	Blog　https://www3.hp-ez.com/hp/biwako123/page4 Facebook　https://www.facebook.com/Biwako123camp/

「大切な場」としての保養キャンプ

宝塚保養キャンプ実行委員会

保養キャンプを始めた経緯

２０１１年３月11日に東日本大震災が起きました。大津波で流される家や車を、テレビ画面で見ながら、大変なことが起きていると思いました。しかし、それに続いて重大な事態が起きました。福島第一原発事故です。

同年４月14日〜16日に、現スタッフのうちの一人が福島県いわき市から広野町、そして当時原発事故の対策本部があったＪヴィレッジまで足をのばし原発事故による被害状況を見てきました。印象的だったのは、まったく人のいない広野町を車で通ったとき、一匹の痩せた犬がトボトボと道の真ん中を歩いている光景だったそうです。１９９５年の阪神・淡路大震災に被災していたそのスタッフは、全国から受けた支援を何らかの形で東北へ恩返ししたいという気持ちでいました。

そのスタッフが同年12月に福島市を訪れ、「子どもたちを放射能から守る福島ネットワーク」代表（当時）中手聖一さんにお会いしました。

その時に中手さんから、放射線から住民、特に子どもを守るために避難を行っていきたい、受け入れ先での体制が問題で、どんどん受け入れて欲しいと言われました。2012年1月の阪神・淡路大震災の追悼集会で、改めて中手さんから「福島からの避難の受け入れ」と「避難しない権利も含めた避難の権利」のお話しを聞きました。

私たちは避難できない子どもたちのための「保養キャンプ」をやろうと決意しました。春休みに行うことを決め、まずキャンプの会場を確保し、実行委員会を立ち上げて会合を重ねました。

実行委員会では、朝・昼・晩の食事はお弁当で提供しようとほぼ決まっていました。しかし協力市民団体から「子どもの命を守るためには汚染されていない食べ物を食べ、体内に蓄積された放射性物質を排出し、免疫力を高める食事が必要である、それには市販のお弁当ではなく生産地・生産者が見える食材を使った温かい手作りの食事にしたい」と強い意見が出され、キャンプ直前の2週間ほどで食事環境を整えました。

2012年3月に、50日ほどで準備をして第1回の宝塚保養キャンプにこぎつけました。とにかく動き出そうと思いました。理念は後からでもいい、子どもたちが放射線にさらされている現実を何とかしたいという一念でした。

放射線量を測定し、危険な放射線量から子どもたちを守るための国の施策は、いまだに全くと言っていいほどありません。それどころか、福島県から「自主的」に県外の賃貸住宅へ避難していた世帯へ行われ

ザリガニ釣り

ていた家賃補助も、２０１9年3月で完全に打ち切られてしまいました。

なぜ今後も保養キャンプを続けようとしているのか？

放射性物質は現在でも福島第一原発から漏れ続けており、福島県や関東地方などの広い地域に高線量のホットスポットが点在しています。

チェルノブイリ原発事故から30数年たつのに、ベラルーシでは現在でも国の施策として保養が行われています。

しかし日本では国が原発事故の責任を認めないまま、現在に至っています。原発事故は無かったものとして、保養を行うどころか、「保養」という言葉も認めようとしていません。セシウム１３７の半減期は30年と言われています。「除染」したといっても、それは「移染」にすぎません。

そのような中で、子どもたちは毎日生活しなければなりません。

宝塚保養キャンプは春休みと夏休みに年2回、計15回行ってきました。私たちは、さまざまな理由で避難できない子どもたちのために、たとえ年に2週間だけでも、保養を続けていきたいと考えています。また保養キャンプを続けながら、国・行政が責任をもって「保養」を行うよう声を上げていきたいと思います。

子どもも大人も共に育つ場

以下は、福島原発事故から5年目の2016年8月（第10回）のキャンプに参加した、お母さんの感想文の一部です。

「(保養キャンプを行うのに）私達、参加者には計り知れない苦労もあったかと思います。でも、子供達には皆様の想いが、ちゃんと、伝わっています。……最年長のT君が流した涙。こっそり書いたスタッフの皆様への感謝のメッセージに、T君が書いた一文。僕達を楽しませる為に、スタッフの皆様が、夜遅くまで打ち合わせをしていてくれた事への感謝の言葉」

私たちは、関東以北の放射線量の高い地域に住む子どもたちを何とかしたいという思いでキャンプを行っている、そのことがしっかり子どもたちに伝わっている。やがて子どもたちが大きくなったときに、キャンプに参加したことを思い出して、周囲の困っている人を助けるために立ち上がるかもしれない。私たちは放射線から子どもたちを守るだけではなくて、子どもたちの「心」の成長にもかかわっていることを実感しました。

ソフトボール

そのお母さんは続けて「……きっと、これからも、避難できなかった事を、子供に、させてあげれなかった事を、ずっと後悔すると思いますが、未来に向かって歩いている子供達をみて、母も、強くならなければならないと、思いました」と書いています。子どもたちの思いが、お母さんにも勇気を与えているのです。そのつながっていく「想いの場」を、保養キャンプが提供しているのだと思いました。

いつのキャンプだったか、ある高齢のボランティアの一言。「このキャンプの場が大事ですよね。色んな考えをもった人々が、子どもたちを何とかしたいという一点で結束して、この場に集って行動している。素晴らしいですよね」と、しみじみと言いました。

保養キャンプは、現地ではなかなか本音で話せない保護者の思いを「吐露」できる場としても重要な役割をもっています。宝塚保養キャンプに参加したある保護者の方は、原発事故のことや放射線のことを、まわりに話すことはできないといいます。「気にしすぎ」「誰もそんなことを言っている人はいない」「風評被害をあおるな」などと言われてコミュニティからはじかれてしまうということでした。だから放射線の影響のことや、子どもの学校生活、色々な悩みなどを誰気兼ねなく、他の保護者やスタッフに話すことができる保養キャンプの場は大事なのです。子どもと共に保護者も心と体をリフレッシュしていけるのです。そこでは、スタッフも保護者の思いを聞くことで、避難できない人々の想いを学んでいきます。

「忘れ去られる」ことへの抗《あらが》いとしての保養

子どもの甲状腺がんは通常100万人に2人か3人と言われています。2021年1月現在、福島県で事故当時18才以下の約30万人の検査をして257人の悪性ないし悪性の疑いが見つかりました。1万人当たりにして約8人で、通常の400倍以上の発生率ということになります。それを福島県は原発事故と関係ないと強弁しています。一方で、国や行政による安心・安全キャンペーンがすさまじく、原発事故被災者はモノを言えない状況を強制されています。

「私のママ友も、(福島県に) たくさん残っています。……ですから、皆さんのように、保養キャンプをしてくださっている人に頭が下がる思いです」(2017年6月24日・宝塚保養キャンプ学習会・森松明希子さん。森松さんは、お子さんを2人連れて福島県郡山市から大阪に避難され、関西で避難者の権利のための活動に携わっておられる方です)

その保養キャンプを続けることは、国や東電に対する異議申し立てであり、決して福島原発事故を過去のことにしないという「闘い」でもあるのです。

団体名	宝塚保養キャンプ実行委員会　（2012年設立）
初めて開催したのは	2012年3月　（通算15回開催）
開催時期・期間	毎年春休みと夏休み　各1週間
開催場所	兵庫県宝塚市（大林寺・西光院・黙想の家）
対象	関東以北の小学生及びその保護者（但し保護者参加であれば小学生の兄弟姉妹の未就学児も可）
受け入れ人数	13人前後
スタッフの人数	スタッフ10人、ボランティア約80人
大事にしていること	食材は基本、放射線測定したものを使用しています。放射線を体外に排出するために有効とされる陰陽料理（重ね煮）で調理を行い、その教室を毎回プログラムの中に入れています。
団体URL等	Blog　http://takarazukacamp.blog.fc2.com/

「大丈夫、さわっていいよ」

——あたりまえに、自然の中で友とすごす

どろんこキャラバン☆たんば

2011年6月「チェルノブイリ・ヒバクシャ救援関西」の振津かつみ医師を招いてお話を伺いました。「今、ここで出来る支援」があること、自然いっぱいの丹波の地で子どもたちを受け入れること、安心・安全な食事をとり、自然の中で遊ぶあたりまえの生活、「保養」という活動が必要であることを知り、活動を始めました。どろんこになって遊べ星も輝く自然の中で過ごし、多くのほかの保養にも参加してほしいという思いが団体のネーミング「どろんこキャラバン☆たんば」（略称「どろキャラ」）に込められています。子どもたちと生活を共にしているスタッフに子どもたちの様子を語ってもらいましょう。

（代表　髙橋典子）

自然の中で遊びまわり、笑い転げる子どもの姿を守りたい

スタッフ　森島卓也

私は２０１２年からボランティアとして、次の年からスタッフとして参加しています。はじめは、子どもたちへの言葉がけや接し方に少し迷いを感じていた私でしたが、それを吹き飛ばしてくれたのが、参加してくれた子どもたちの純粋な笑顔でした。

ある年、開催場所の丹波少年自然の家の宿泊ロッジの側を流れる山水の水路に、一人の子が靴のまま入り全身ずぶ濡れになりながら笑っていました。それをきっかけに他の子どもたちも続くように水路に入り水遊びをはじめます。徐々に人数も増え、最終的には、その年参加していた子どもの半数近くが水路に集まり楽しそうに水遊びをはじめました。スタッフにも容赦無く水をかけ、一緒にずぶ濡れになりながらいっぱい笑い、楽しみました。

また、ある年には、毎日、ポケットいっぱいにセミの抜け殻を集めてきて嬉しそうに数を数えていました。その子は、宿泊している間に１００個の抜け殻を集めると言い、出発する当日の朝までに97個の抜け殻を集めていました。

持参した虫かごにザリガニやサワガニ、カエルを入れて楽しそうにスタッフに見せてくる子も毎年多くいます。宿泊施設の敷地内には、山から流れる川が流れており、その川ではサワガニやカエルが多く生息しているため、子どもたちも自然の中にいる多くの生き物に興味、関心を持ち、気軽に触れる事ができます。特に、子どもたちに人気なのがカブトムシ採りです。敷地内にある雑木林にはカブトムシの集まりやすいクヌギの木があります。その木にトラップを仕掛け、翌朝に早起きして確認しに行きます。前日の夜は、カブトムシを探しに行きたいために約束の時間より早く寝る子も多くいます。見つけたときは大騒ぎ

羽化したセミを見つめる

の子どもたち、さわって、見て、遊んで「またね」とカブトムシは森に返します。

このように、外遊びをいっぱい体験し、丹波の食材を食し、本当に丹波を全身で楽しみつくす子どもたちの笑顔と笑い声があります。しかし、その笑顔の裏側には、地元で川遊びが制限されていたり、容易に泥だらけになれない暮らしがあったのも事実だと思います。参加してくれた子どもたちの笑顔は毎年変わりなく、子どもらしさを感じるものがあります。しかし、近年では、太陽の下で長時間活動が困難な子や運動が苦手な子が増えている様に感じます。これは、小学生に上がるまでの時期に外でなかなか遊ぶことが出来なかった事が原因の一つだと私は思います。現在、コロナ禍の中で私たちの活動も足踏みをせざるを得ない状況となっていますが、これからも年々変化する子どもたちの様子に注意しながら、自然の中で遊びまわり、笑い転げる姿を守るため、この活動を続けていきたいと思います。

子どもたちの心の中にある思い、親の強い願いに触れて

スタッフ　中澤利恵

東日本大震災の復興のお手伝いができればと思っているところに声をかけてもらいボランティアをはじめ、そしてスタッフになり、子どもたちと生活を共にしました。子どもたちは丹波市の皆さんから支援していただいた新鮮な野菜、お米をいっぱい食べ、緑あふれる森の中のロッジでの生活、川遊び、木登り、ザリガニつり、散歩など、いっぱい外遊びができる日々を過ごします。近年は35度を超える猛暑の日もあり、外に出ることを制限し、室内遊びをし、少し涼しくなってから外に出るということもあります。

そのような日々を共に過ごすと、子どもたちの心の中にある思いが、自然と言葉として出てきます。高学年の子どもたちから、震災直後に福島を離れ、そのあと何度も引っ越しをしたこと、他の保養キャンプにもたくさん参加していること、保養先では安心して外で遊べる、安心して野菜やお米が食べられる、たくさんの方に支援してもらって本当に感謝している……。これからもどろキャラに参加したいと聞いた時は、涙があふれました。

子どもたちのいっぱいの思いの言葉の一方で、参加させた親御さんにとっては大変心配なことだったこと思います。その思いの深さに気づいたのは、帰りのバスに添乗し、福島で親御さんに届けることが出来たときのその姿でした。福島からバスで10時間もかかる丹波まで行き、保養キャンプに一週間参加する。それでも子どもを参加させるのは、できるだけ放射線量の低い土地に行き、安心な食材を摂り、心おきなく外遊びや自然体験をさせてやりたい、そして心身ともに健やかに成長してほしいという親の強い願いなのだと改めて感じ、まだまだ保養キャンプは必要であると強く思いました。

草があり、虫がいる光景で子どもたちは育つ

代表　髙橋典子

「さわっていい？」子どもたちが思わず口にしているこの言葉の重さがつらく、「大丈夫、さわっていいよ」と声を返しながら、保養の活動は始まりました。あたりまえに過ごしていた自然との関わりを奪ってしまったこの事故の影響は心身共に大きいと、大人として責任の重さを感じずにはいられませんでした。自然の中で友と過ごす、遊ぶ、命を感じながら虫や花、木々、大地に触れることは、その子、一人ひとりの心と身体の成長に必要なものと強く思いました。

初めての木登り

初めて（２０１１年）の保養キャンプのとき、広場の草刈りの草が集めてあり、「さわっていい」「うん」とやりとりした後、草を巻き上げたり、寝転んだり「草のにおい！」と叫びながら遊んでいました。田舎の子はこんな遊び方しないし、草のにおいに感激もしないでしょう。その姿は衝撃的に私の心に焼き付いています。

次の年、５年生の女の子だったと思います。静かに大きな木の幹を抱きしめていました。「ぎゅっとできて、よかったね」と声をかけると、「うん」と返事。こんな光景が「どろんこキャラバン☆たんば」のもとになっています。そこに草があり、虫がいる、セミが羽化するのも自然に見ることができ、川ではサワガニに挟まれたと騒ぐ、そんな生き物との触れ合いが子どもたちの心と身体を育てていると感じます。低線量の被ばくの影響を、少しでもデトックスできるように保養の活動があります。本来は国の事業として保養活動（キャンプ）があり、低線量被ばくの影響を受けている子どもたち皆が参加できることが大切だと思います。

多くの皆さんに支えられ、この保養活動を実施することが出来ています。なぜ保養活動をやっているのか、放射能の被害とは何なのか、10年で終わる被害でないことを知ってほしい、伝えていかなければいけないと、コロナ禍で実施できなかった年を過ごし、強く思っています。

子どもたちが自然の中で笑い転げることが出来る「どろんこキャラバン☆たんば」の実施に向け、活動を続けていきたいと思います。

＊２０２１年８月から、コロナ禍をきっかけに家族単位でも保養をしてほしいなという思いが生まれ、「どろキャラ☆セカンドハウス」を始めました。炊事場、風呂、トイレなどが母屋とは別になっている家を丹波市内で２か所用意しています。親戚の家に泊まる感じで、年間を通して利用できます。

団体名	どろんこキャラバン☆たんば （2011年設立）
初めて開催したのは	2011年　（通算10回開催・春に幼児家族保養1回）
開催時期・期間	7月下旬から8月上旬　7泊8日（内1泊バス夜行）
開催場所	兵庫県丹波市（丹波少年自然の家）
対象	小学3年以上中学生含（小3以上の兄姉参加の小1・2弟妹）
受け入れ人数	22人（2011～15年は約36人）
スタッフの人数	コアスタッフ10人、ボランティア約20人
大事にしていること	一人ひとりに向き合い、活動は外あそびが中心ではあるが個々が選択できる。子どもの目線で話をし、楽しく・安心して生活できるように留意し、保養生活を過ごせるようにする。
団体URL等	Facebook　https://www.facebook.com/doronkocaravantanba 事務局メールアドレス dorocara.tanba@gmail.com

必要な人にとっての、必要な場

――「いっしょに」「互いに」を大切にしながら

絆キャンプin京都実行委員会　山崎典子

２０１２年夏から２０１８年夏まで7回のキャンプと２０１９年夏母子保養受入れ1回を実施しました。「困っている方を受入れたい、保養経験が少ない子に来て欲しい」という当初のメンバーの意向で、一期一会なキャンプのスタイルでした。そのため「繋がりの継続」は当初から課題でした。現地の方々の想いは、「ほようかんさい」のメーリングリストや集まりのときに聞かせてもらい、メンバーとシェアしてキャンプを継続してきました。開催年度を追って、関わった方達の感想の一部を抜粋して紹介し、これまでを振り返っていきたいと思います。＊は筆者のコメントとなります。

２０１２年

（参加保護者）

食事（洗い物含む）、洗濯など、すべてお任せとなってしまい心苦しかったです。少しはお手伝いさせて頂けたらと……。大学生のボランティアをはじめ、多くの方が大変良くしてくださり、とにかくこどもが楽しそうで、生き生きしていて、親としてはこれ以上ない幸せを感じました。

＊この声を反映して、次年度から「お客さん」ではなく「自分のことは自分でする、ボランティアがサポートする」保養キャンプ生活スタイルになりました。

（学生ボランティア）

ふとした瞬間に出る皆さんの心の声に、何度か胸が締め付けられることがあった。「福島に帰りたくない。ずっと京都にいたい」「福島のスイカも甘くておいしいんだけど、今は原発の影響で食べられなくて」複雑な心境を聞くたび、上手く応えることが出来ない自分にもどかしさを感じた。（中略）今までは、原発事故についてもっと「知らなくてはならない」と思っていた。しかし、キャンプを通して被災者の方との温かいつながりが出来、もっと「知りたい」という意識に自然と変わった。（中略）こども達の笑顔や親御さん達の優しさに触れたこと、またボランティアスタッフと切磋琢磨した経験は何事にも代えがたい私の宝となった。

2012年　花脊山の家のキャンプ場で

＊大人ボランティアが聞けていない声を、子どもと目線の近い学生ボランティアが聞き取ってくれていました。一人一人の気持ちの揺れ……家族と離れて過ごす中でさみしくなったり、でもお友達と遊ぶ中で楽しくなったり……の行ったり来たりを「ただ寄り添う」ことで支えるってこういうことなんや……と学ばされました。

２０１３年

（参加中学2年生）

最初はみんなになじめるか、やるべき事が出来るか心配でした。（中略）一回話せるととっても楽しくなって寝たくなくなるほどでした。最終日に一番思ったのはまだいたいな、でした。この一週間はとっても笑顔になれました。

＊「やるべき事が出来るか」そんなこと心配していたんや……と驚きました。お母さんから「津波被害のひどかった学区でPTSDがあります」と聞いていたこともあり「この一週間はとっても笑顔になれました」の一行に胸が痛みました。その中2の彼女は一週間の間に学生ボランティア達と兄弟姉妹のように親しくなり、帰りは新幹線車内でしばらく泣くのがおさまらないほど。「お兄ちゃん」のように接した学生は、その後いわき市の式典や彼女の家を訪れ、彼女が英語でのスピーチ大会に出場するときもアドバイスするなど保養を超えて繋がりました。

（社会人ボランティア）

キャンプ最終日、京都駅へと向かう車の中で、学校の話になりました。震災前との比較で、学校の生徒数が3分の2以下に減っていることを聞かされました。「私たちの学校は出ていくばかり。いつか転入生が増えたらいいな」と、言った言葉が印象に残っています。それまで、いっしょに大騒ぎしていたこどもたちです。この子たちは福島から来たことを、再確認した出来事でした。京都にいると感覚がマヒしてきます。今なお、困難な状況の中に生活する人たちがいます。忘れてはいけない現実。何かできないだろうか、考えて動いていかなければと思わされました。

福島のこどもたちの「ために」行われた「絆キャンプ」。初日は、お客さんのように接していました。しかし、自分たちでする洗濯、掃除、食事の準備、食器洗い……。こどもたちと「いっしょに」にするキャンプは、私たちも助けられましたし、元気をもらいました。こどもたちも互いに助けあっていました。してあげる、してもらうではなく、いっしょにするキャンプだからこそ、「絆キャンプ」だと思います。キャンプに限ったことではありませんが……。「互いに」が大切ですね。わずか数日ではありましたが、こどもたちの成長に励まされました。こどもたちを始め、たくさんの出会いに感謝、感謝。みんなに出逢えて、私は仕合わせでした。みなさん、また京都にいらっしゃい！

2013年　夜の宿舎にて。昼間の活動とは違った形で、自分自身や仲間とのつながりを再発見する時間を持った。担当者が日替わりでプログラムを提供した。

２０１５年

（参加小学４年生）

わたしたちだけだと少しつまんないと思った時、「あ！　ボランティアの人たちがいた！」と思って、わらったり、おこったり、うれしかったり、いろいろなことができました。この一週間ボランティアの人たちにささえられながら、やってこれたと思います。おもしろい人もいたり、へんな人もいたりしてすごくわらいました。やっぱ大学生だなと思いました。かみの毛をアレンジできる人もいたりあまり話をしない人もいたので、いろんな人たちが、自分たちのためにがんばってくれているんだなと思いました。けがなどをしたときも、だいじょうぶ？　と言ってくれたりしてすごく心配してくれているんだと思いました。

＊キャンプがいいのは親子、兄弟、先生と生徒という縦横の立場でなくて、いろんな関わりをしてくる人がいるということ。そんな場が今必要とされているなと思います。

２０１６年

（送り出した保護者）

食べたら、おいしかったとひじきが食べられるようになりました。プールの話や八つ橋作りなど、楽しかった話ばかりでした。我が家も今年、やっと除染が回ってきました。まだまだ、この先、放射線の影響が心配ですが保養させていただき、心配がかるくなります。

甲状腺の検査をやるたびに、この事故が無ければこんな心配も無かったのかと思ってしまいます。年間30日汗をかき新鮮な空気に触れることで、身体にたまった放射線やセシウムをだすことが出来るといいます。ですが、現実、30日を親が連れ出すことは難しいです。ですからこの保養キャンプ活動にとてもありがたい気持ちでいっぱいです。

＊震災後4年経過しての除染。甲状腺の検査。ひじきが食べられるようになったこと。保護者が保養に連れて行くことは難しいこと。たくさんの想いがつまったメールでした。

2018年

（送り出した保護者　応募理由）

東京での春キャンプに参加したとき、主催者の方がお話しされていたことを帰宅したこどもから聞きました。「この子たちが大きくなって進学でも何でも東京に来た時に、知っている人がいるって良いよね！小学生だった子が大きくなって今度はボランティアとして参加しているって良いよね！」と。こういったプログラムに参加することは、こどもたちが大きくなった時に今度は誰かにしてあげられる事を学ぶとてもよい経験になると思いました。京都でのキャンプははじめてですが、よろしくお願いします。

＊福島では「普通の生活」が戻っているのに、なぜ保養なのか？　そう問われるとき、なんと答えたら良いか本当にわからない。だけど必要な人にとっての必要な場所なのだと思う。受入れ側にとっても。

この10年間にYouTubeやTwitterなどのSNSが登場し、便利な一方「炎上」もあり、安心して話せる場がよりいっそう必要になってきたと思う。我が子もスマホをもつが、電話よりもLINEで伝えることが多く、どう相手と距離をとったらいいかわからないように見える。保養に参加したこどもたちは今何をして、何を思っているだろう。最後の保護者さんの応募理由のように、こどもが何かをみつけて、出たり入ったりOKな「いっしょにする」場をそれぞれ持っていてくれたら、と心から願っている。

団体名	絆キャンプin京都　(2012年設立)
初めて開催したのは	2012年春　(通算7回開催　母子保養含まず)
開催時期・期間	年1回（夏休み）6泊7日
開催場所	京都府京都市（2012年のみ京田辺市）
対象	小学4〜6年生
受け入れ人数	年によってばらつきがあるが、6〜23名
スタッフの人数	約15人（コアスタッフ6人、ボランティアスタッフ約10人）
大事にしていること	私たちの営みは小さいですが、小さいからこそ出来ることを考え、参加するお子さん一人一人と「与えられていること。足りていること。感謝すること。」を共有できるキャンプにと考えています。

保養キャンプへのチャレンジ

東はりま　ゆるわくキャンプ運営委員会代表
（NPO法人One Heart代表）　藤田のりえ

「あの子どもたちの姿を見たあなたはどうするのか？」と神様から問われて

私が主宰しているゴスペル教室に、震災直後から保養キャンプを行っておられる「たこ焼きキャンプ（以下、尊敬を込めて『たこキャンさん』と表記）」のスタッフがいたことで、２０１４年の夏に初めて保養キャンプのお手伝いをしました。神戸でのキャンプ最終日には、体より大きなリュックを背負って家に帰るのではなく（!?）次のキャンプ実施場所へ行くということを聞き、びっくりしました。「保養キャンプ」という言葉も初めてでした。その姿が忘れられず、子ども自身と送り出す家族の気持ちを考えると、原発事故から非常事態がずっと続いているのだという事実に愕然としました。

政府の発表やニュースをそのまま信じて、現実を見ていなかったことを悔い改めずにはおれませんでした。知った限りは来年も少しでも手伝わせてもらおうと、ゴスペル教室のみんなで話していました。しかしある時、そのことを祈っていると「あの子どもたちの姿を見たあなたはどうするのか？」と神様からの深い語りかけを感じ、思わず「キャンプをやります」と答えてしまいました。

ワンハート（私が代表をしているＮＰＯ法人One Heart）のメンバーにもそのことを伝え（みんなの目は一瞬点になっていましたが……）内容はそっちのけで「保養キャンプをやる！」ということで同意を得ました。

具体的には、たこキャンさんを手伝うけれど、子どもたちが神戸市から姫路市に移動する途中、その中間点にある加古川市内で何日かを過ごしてもらう、という意見で決まりかけていました、しかし、よくよく考えてみたら、たこキャンさんのスタッフに増える日数の負担をかけるし、信頼関係が出来ている子どもたちも急に知らないおばちゃんたちが入ってきたら混乱するのでは……と行き詰まってしまいました。必死で祈って湧き上がってきたのは自分たち単独でやる、という怖いもの知らずの思いでした。でもみんなは賛成してくれて、規模は小さくても自分たちらしいキャンプができるよう、チャレンジしようということになりました。

キャンプの名称も子どもたちに、ゆるゆる休み、ワクワク過ごしてほしいとの願いで「東はりま　ゆるわくキャンプ」としました。キャンプの先輩方に色々お話を聞いたり、本で調べたりしましたが、滞在場所やキャンプの内容、人手もたくさん必要だろうし、費用もどのくらいかかるのか、何よりも福島から遠いこの地に大切な子どもを送り出してもらえるか、等々わからない事は山盛りでした。まず有志を募ろうと、呼びかけたところ、加古川近辺で活動をしていた他団体４名の方が加わってくださり、ワンハートからの私を含めた４名と合わせ、計８名で運営委員会が立ち上がりました。

それぞれが得意分野をもっておられ、いろいろと教えてもらいながら計画が進みました。できるかどうかの心配よりも、どんなキャンプになるか楽しみで、私たちがワクワクしながら準備にかかりました。どんな事があっても5年は続けようと決めました。ボランティアも知り合いだけではとても足りないところ、新聞で取り上げて頂いたりして、様々なことで知った方がたくさん集まってくださいました。委員以外のワンハートメンバーも1週間の食事や洗濯などにフルで協力してくれることになり、私たちのテンションもマックスで第1回がスタートしました。

バタバタの準備も何とか出来て、5回のキャンプを

1回目。受け入れる側としてはハートマークで始まりました。しかし、参加した子どもたちが喜んで楽しんでくれると思い込んでいた私たちは、子ども同士の激しい喧嘩やどうしてもいうことを聞かない子ども、地域から来てくれた子どもへの残念な態度などで、かなりのショックを受けてしまいました。もちろん、素直に喜んでくれる子どもたちが大半なのでその笑顔で励まされ、しっかり反省して対策を考え、来年もやろう〜〜！　となりました。

2回目。予定していたキャンプ場が使えないことが抽選会場で判明し、めまいがしました。その後も紆余曲折があり、保養キャンプが地域に受け入れていただけない悲しさも味わいましたが、ある方から漕艇センターという施設を教えていただき、借りる事が出来ました。ゆったりとした各部屋と程よい中庭、川にもすぐに降りられる、レガッタもある、という加古川らしい施設でした。

子どもたちものびのびと過ごすことができホッとしていたところ、帰宅後の子どもについて、お母さんから心配な様子が告げられました。事実関係をはっきりと理解するまでに、親同士を巻き込む状態になっ

て、私たちは関わることができなくなってしまいました。目が行き届かなかったと、スタッフも自分を責めて、本当につらい数か月を過ごしました。秋ごろに良い知らせが届き、どれほど安堵したかわかりません。大切な子どもさんを預かることの難しさに心が折れそうになりましたが、想定外の事態になってもみんなで対処していこう、リスクも覚悟で来年もやろう～！　となりました。

3回目はリピーターも多く、また子どもたちも1年で素晴らしく成長していて、本当にうれしかったです。色んなことに自分たちから動いて、協力して仲良く過ごすことができました。地域の夏祭りにも初参加。スタッフ手作りの小物を売ったり教えてもらった射的を作ったり大興奮！　もちろん、来年もやるよ～～～!!　となりました。子どもたちからも「来年も絶対来るよ！」とうれしい言葉をもらいました。

4回目、リピーターが多く初めから仲良く過ごせて安心しました。保護者の中からも「自分たちにできることがあれば」と協力的な関係も出来てきて、お世話になっている施設の方々からも「今年はよくまとまって積極的に取り組んでていいね」と褒めていただきました。自分たちで相談して何かを作る、準備するということが本当に良くできたキャンプでした。放射能についてのお話や踏み込んだ試みもできました。

5回目、目標の年になりました。またしても宿泊施設が使えない状態になり、みんなで頭を抱えていました。そんな時、キャンプで協賛寄付をして下さっていた方から地域の公会堂を教えていただきました。厨房も広く何と1日500円で良いとの事。財政が厳しくなっていたので天の恵み！　でした。お風呂がないので近くの温泉や銭湯に行くことになりましたが、子どもたちは大喜びでした。初体験がいっぱいで戸惑うことも多かったですが、何といっても地域の方々に受け入れの準備からキャンプ中の楽しい音楽会、小学校での夏祭りでのホットドッグ売り、地元野球部の皆さんとの交流等、毎日のようにお世話になり、子どもたちへのまなざしが温かくて、私たちも感謝、感激でした。「来年もきっとおいでよ～!!」「絶対来

地元少年野球チームと交流

るよ～!!」と涙の別れ……。

加古川で広がる支援の輪

２０１９年、５回目のキャンプの前の４月には、キャンプの事をもっと知ってもらうために、プロのゴスペルシンガー、ジョン・ルーカスさんを招いてのチャリティーコンサートを開催しました。満席で、素晴らしいコンサートになりました、これも地域の方々のご協力で実現しました。

また、その年のキャンプでは、初めて加古川市長への表敬訪問をさせて頂き、子どもと保護者からの感謝の手紙をお渡ししました。その中でも、中学生ボランティアとして来ているいわきの男子が読んだ手紙はみんなの心を打ちました。「高校は兵庫県に行きたい」との彼の言葉に、受け入れる家も決まり、ご両親とも話を重ねてほぼ決まっていたのに、コロナの為に断念

最終夜のゴスペル

せざるを得なくなり、本当に残念でした。（その後、彼は地元の高校に入学しましたが、神戸の大学に進学を望んでいるとのことで、嬉しく思っています。）

子どもたちの成長を見守りたいと願って

２０２０年は行き来ができない状態で、せめてものプレゼントを送る位しかできませんでした。

コロナも大変ですが、見えない敵としては放射能汚染も同じです。内部被ばくのリスクを何とかして少しでも減らしたいと思います。そのための保養キャンプでもありますが、運営は年々厳しくなっています。財政、高齢化、場所の確保等々。また世間の関心も低くなっていると感じます。日本中で福島の（福島だけではないですが）子どもたちの未来について心を寄せる人々が増えるように願っています。

私たちは児童20名を１週間という短い期間しかキャンプを提供できませんが、子どもや家族が受け取って下さるものは大きいと思います。体にも心にも、安心・安全の食事と共に、お互いの信頼関係を作るという大切な体験が出来るようになり、希望が生まれました。今後は、

①こちらに招く計画

②私たちが出かけていく計画

の２本立てで考えています。

２０２１年の夏も実施できませんでしたが、地域の方たちの「来年改装した会館（公会堂）でやればいい」との言葉に励まされています。

保養キャンプに関われて、本当に感謝です。出来る限り長く子どもたちの成長を見守っていきたいと願っています。

団体名	東はりま　ゆるわくキャンプ　（2014年設立） ※構成団体　NPO法人One Heart　（2011年設立）
初めて開催したのは	2015年　（通算5回開催）
開催時期・期間	夏休み中の1週間
開催場所	兵庫県加古川市を中心に東播磨地域
対象	小学生
受け入れ人数	20人
スタッフの人数	コアスタッフ15人、ボランティアスタッフ25〜30人
大事にしていること	安心、安全な食事の提供。大人の考えを押し付けないで寄り添う。 思い切り笑える、大声を出せる場所にする。
団体URL等	Facebook　https：//www.facebook.com/yuruwaku/

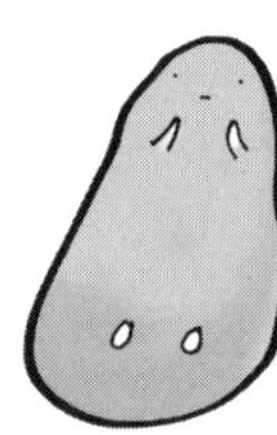

【座談会】

みんなとすごす「またね！」の場所から

——若手スタッフが語る 保養キャンプへの想い

塚田彰《あや》（社会人：たかつき保養キャンプ）

中口実佳（大学生：たかつき保養キャンプ）

ばっしー（社会人：ゴー！ ゴー！ ワクワクキャンプ）

田中一央《いお》（社会人：ゴー！ ゴー！ ワクワクキャンプ）

小栗峻介（大学生：宝塚保養キャンプ）

八木寛人《かんと》（大学生：びわこ☆1・2・3キャンプ）

高谷佳那《かな》（社会人：たかつき保養キャンプ） 司会・進行

阿部ゆりか（大学生：サポート紡）

保養キャンプでは何といっても若手スタッフが大活躍!!　小さな子たちに慕われ、小・中学生たちの遊びやイベントに寄りそう子ども担当の若手スタッフたち。10代から40代の彼らがどんな想いで保養キャンプに参加し、これからどんなふうにかかわりたいのかなど語り合います。

保養キャンプ参加のきっかけは？

高谷佳那（以下、かな）：まず、保養キャンプに参加されたきっかけ、そして、その後のかかわり方について教えてください。

塚田彰（以下、あや）：２０１３年から「たかつき保養キャンプ」に参加しています。「たかつき保養キャンプ」に場所を提供してくださっている行信教校《ぎょうしんきょうこう》（高槻市にある仏教学院）の学生だったとき、スタッフに声をかけられたのがきっかけ。1年目の夏は子どもと遊ぶことがとても楽しく、その年の冬に子どもチームのリーダーになりました。5年前に郷里の熊本に帰るまでは運営にも携わり、福島を訪ねたり、他のキャンプの人たちともつながって一年中キャンプにかかわっている感じでした。熊本に帰ってからはキャンプ期間中に1週間泊まり込んでいます。

中口実佳（以下、みか）：高校2年生のときに所属していたボランティアサークルで顧問の先生に「こんなのがあるよ」と教えられて「たかつき保養キャンプ」に参加、これまで3回参加しています。スタッフのみなさんがとても温かく、大学生になって事務局会議にも参加するようになりました。高校生のときはただ楽しいから参加していましたが、大学生になって先輩たちをサポートしたくて頑張っています。

ばっしー：「ゴー！ゴー！ワクワクキャンプ」発起人の一人と共通の知り合いからお誘いメールが届いたのがきっかけで、２０１１年のＧＷに実施した第1回「ゴー！ゴー！ワクワクキャンプ」から9年間参加しています。最初はボランティアとして気軽に参加しましたが、いつのまにか運営にがっつり入っていて、3年目からはキャンプにもフルに参加しています。年齢が高くなるにつれ、子どもたちが寄ってこなくなったのがちょっと淋しいです（笑）。

田中一央（以下、いお）：2011年から参加。福島原発事故が起き、「えらいことになった、見過ごすことはできない」と思いましたが、現地に行くにはハードルが高く、どうしようかと思ってい

かなさん

た矢先に、「ゴー！ゴー！ワクワクキャンプ」の発起人の一人から手伝ってほしいとメールがきて「これが天命か」と参加。ボランティアというよりキャンプを一緒につくるという感じです。最初の3年間は1ヵ月間参加し、社会人になって2、3日の参加に。でも、2年前くらいからスタッフが少なくなって、またしっかりかかわっています。

小栗峻介（以下、しゅんすけ）：大学1年生のとき、所属している大学のボランティア団体で「宝塚保養キャンプ」の子ども担当スタッフを募っていたので軽いノリで参加。当時、「宝塚保養キャンプ」は若手スタッフがほとんどいなくて、自分たちの団体がかかわるようになって10代20代も増えました。

阿部ゆりか（以下、ゆりか）：私はもともと保養を受ける側でした。たくさんの方たちに助けられ、少しでも恩返しができればと避難者のお母さんたちが立ち上げた「サポート紡」でカンパ集めをさせてもらったり、キャンプ中は子どもたちと遊ん

あやさん

だり、お母さんたちと話したり、できることは何でもしています。でも、「サポート紡」は避難者の会ということでそれぞれ生活が厳しく、資金面などさまざまな問題があり、2019年度で保養キャンプは中止しました。

八木寛人（以下、かんと）：2012年の春、小学5年生のとき、「びわこ☆1・2・3キャンプ」の中心的なスタッフだった母に誘われて春キャンプに初めて参加しました。最初は遊びに行っていただけでしたが、同学年の友人もできてしだいにキャンプに愛着がわいてきました。中学3年生になったとき、スタッフとして子どもたちとかかわりたいと本格的に参加。保養キャンプ参加者が高校生になるとスタッフとして戻ってくるケースも多く、新しく参加した子を「ようこそ」と迎え入れる感じでみんなフレンドリー、ひとつの家族という雰囲気です。

かな：私は、高校で所属していた和太鼓部のチャリティコンサートのテーマに「たかつき保養キャンプ」を取り上げたのがきっかけ。福島について学んだり、訪ねる機会があり、高校を卒業しても何かできることはないか、現地の方々とかかわりを持ち続けたいと、スタッフとして参加させてもらうことになりました。大学4年間は、ほぼ毎回1週間参加。事務局会議にも参加するようになり、プログラムやスタッフの調整などにもかかわっています。キャンプ中は子どもたちがケガしないよう、でも、のびのびできるよう全体を見渡せるようになった気がします。現地と高槻間の送迎も担当し、子どもたちのお母さんやお父さんとかかわりが持ててうれしいです。

保養キャンプに長く参加している原動力は？

かな：保養キャンプに長く参加する原動力って何なのでしょうか。

あや：夏の楽しみ。私の1年間のライフスタイルみたいになってます。続けている原動力は原発事故についても福島のことについても知りたいから。

かんと：9年間参加し、家族みたいなもの。最初は友だちに会えるから参加していて、スタッフになってからは子どもたちが楽しく過ごせる助けになりたいと思うようになりました。

ばっしー：子どもが好きでとにかくかわいい。また会いたいと思うから。

いお：つながりができた子どもたちが、キャンプが終われば安全ではないところに帰らなければならないという現実に向き合い、できる限りのことをしたいと思った。帰るとき「またね」と普通に言われて、それに応えないといけないようなプレッシャーもあるかな。

ゆりか：とても喜んでもらえたり、子どもたちと遊ぶことが楽しくて続けています。

みか：新しい出会いがあって楽しい。最初は3日間くらいしか参加できなかったのに、「一緒に遊ぼう」「一緒に寝よう」と誘ってくれたり、私の活動最終日には「帰っちゃうの？」と泣いてくれ

みかさん

て、こんなに仲良くなれたんだと感激でした。
かな：子どもたちが少しでも楽しく安全に過ごせるよう自分のできることをしたいという気持ちと、家族のようなスタッフと同じ目標に向かって過ごす時間が夏の楽しみになっています。

うれしかったこと・楽しかったこと

かな：保養キャンプではうれしいことや楽しいことっていろいろありますよね。私は子どもたちが相談してくれたり、私が声をかけて参加した学生スタッフが「誘ってくれてありがとう！　来年も参加したい」と笑顔で告げてくれたのもうれしかったです。
かんと：学校では出会えない最高の友だちに出会えたこと。スタッフになってからは、子どもたちに心を開いてもらえ、信頼してくれることがうれしかった。
ばっしー：子どもたちとかかわることは基本的にずっと楽しい。ミーティングやキャンプ期間に自分の能力が生かせていると思えた。
いお：少しずつでも自分が成長し、世界が広がっている感覚があった。
しゅんすけ：子ども時代にできなかった体験ができた。活動を終えて宿舎を離れるとき、子どもたちに「帰ってほしくない」と言われて悲しくもあり、うれしくもありでした。

ばっしーさん

つらかったこと、難しかったこと

かな：反対に、つらかったことや難しいと感じたことってありますか。
しゅんすけ：子どもたちと仲良くなり過ぎてちょっとした暴力をふるわれ、どんなふうに接したらいいか難しいなと思った。
かな：みんなうなずいてるけど、そういうことってあるんですね。
ばっしー：大人・子ども関係なく暴力をふるうのはよくない。どんな立場であってもいやなことはいやと言っていいよ、と子どもたちにはもちろん、ボランティアスタッフにも言ってます。
かんと：そういう状況になったときうまく注意できなくてずっと悩んでいたけど、最近はダメなことはダメと言うようにしている。
ばっしー：女子のけんかの仲裁はしんどかった。いじめに近い状態もあって話し合いの場を設定したけどおさまらず、翌年も同じ子たちが参加することになって心配したけど、普通に仲良くなって、あの悩みはなんやったんやと（笑）。
いお：子ども同士って勝手に仲直りすることって結構あるよね。
しゃんすけ：今思えば、女の子にけっこう強めのちょっかいを出された気がする。
かな：かまってほしくての行動だったのかもしれないね。
ばっしー：子どもの発達の本に「試し行動」みた

かんとさん

しゅんすけさん

いなものがあると書いてあった。この人はどこまで自分を受け入れてくれるだろうかと確かめようとすることがあるみたい。

しゅんすけ：ある程度仲良くなってなければそんなことできないから、そういう意味ではつながりができていたと言ってもいいのかな。

いお：自分で自分の行動を「今までこうしてきたから」とか「みんなこうしているから」と無意識のうちに決めつけて制限してしまっていることがたくさんあった。でも、子どもたちは自由な発想で行動していて、それを見るたびに自分の考えが凝り固まっていたことに気づかされた。

ばっしー：キャンプに慣れてきて、子どもたちと真摯に向き合っているかと自問することがある。もう少し初心に返らないといけないかなと思ったりする。

どんなことを学んだ？

かな：保養キャンプではいろんなことを学びましたよね。

あや：原発事故直後は、「これ食べてもいいの？」「外で遊んでいいの？」とか子どもたちに聞かれていたけど、今はそんなことはなくなってきた。保養キャンプを続けるのは大変だと思いつつ、福島の人たちの温かさや子どもたちがのびのび育っていることが感じられて、固定観念にとらわれずにやっていこうと思えたことかな。

みか：参加するまでは保養キャンプは現地の人たちにとっていいことだと思っていたけど、福島では原発の不安を言えないことや保養なんて必要ないという人などいろんな考え方があって、それも時間が経つと変わっていくことを知りました。

かな：保養キャンプに参加することを周囲の人に話せず、隠れて参加しなければならなかったり、家族の中でも考え方が違ってギクシャクすることがあったり、原発事故がなかったらそんなことはなかったのにと思うと苦しくなることもありました。健康診断の結果を見るのが怖いというお母さんも。「たかつき保養キャンプ」は食にこだわっていて、「今日食べたものが明日の自分の身体をつくる」ことに気づき、食の勉強をするようにもなりました。

かんと：キャンプ中のケンカにどこまでかかわったらいいかわからず悩んでいたけど、「びわこ☆１・２・３」のリーダーにアドバイスをもらってはっとした。それは、子どもってぼくらが思っている以上に自分たちで解決できるし、考えて行動するから子どもたちに任せていいんだってこと。

いお：２０１２年に保養キャンプの現地説明会で福島に行き、現地のお母さんと話したとき、原発事故の重さに身が引き締まる思いでした。そのお母さんは、子どもたちを安全なところに逃がしたい、でも、保養キャンプはどんなものかわからない、福島にいるのもリスク、預けるのもリスク、どちらを選択するか切迫した雰囲気でした。なの

いおさん

で、より安全にちゃんと保養できるキャンプにしなければと思った。

しゅんすけ：子どもたちにとって貴重な夏休みに1週間預けてもらえるのだから、子どもたちに楽しんでもらえるようキャンプの内容を考えることは大変だと学びました。

ばっしー：うちは参加者の条件を設けずやっていますが、参加者のお母さんから「障がいがあれば参加できないのかと思っていた」とか、外国籍のお母さんからは「外国人は排除されるかと思っていた」と言われて、差別の構造は根が深いなあと思った。

原発については？

かんと：初期には放射能のことや食のことについて専門家に話を聞いてみんなで感想を書いたりしたけど、今はやっていない。放射能から子どもたちを守るのも大きな目的だけど、今までの生活をキープするためにキャンプがあるという感じになっている。

あや：小学生のとき、親が参加したPTAの旅行に同行して川内《せんだい》原発（鹿児島県）に行きました。高校生のときには学校行事の旅行で玄海《げんかい》原発（佐賀県）に行きました。玄海原発では原発のしくみについて聴き、「原発は安全だ」とものすごく言われました。小学校のときには川内原発はきれいなところにあるんだ、くらいだったけど、高校生のときにはチェルノブイリ原発事故についても知っていたので原発は本当に安全なのかとモヤモヤしていた。そして、福島原発事故が起きてますます疑問がわいてきました。

みか：福島原発事故までは、原発が安全なのかどうか考えたこともなかった。

しゅんすけ：ぼくらのボランティアサークルでは地震被害の救援をやっていて、東北を訪ねたときも宮城や岩手に行くことが多かったので福島原発事故については知識がない。

かな：原発事故について知りたいけど仕事が忙しいこともあって、最近は学習会などにも参加できてない。だから、現地の方に来てもらってお話会とかあると勉強になります。昨年、文部科学省から「放射線副読本」（２０１８年10月発行、初版は２０１１年発行）が全国の小中高に配られて、原発は安心・安全と書かれていて怖いなと思った。

キャンプのこだわりなど

ばっしー：うちはキャンプ期間が長いので「日常」を提供するのがいいのかなと思う。

しゅんすけ：やることが多すぎて詰め詰めになったりして反省し、翌年のキャンプではスケジュールを少なくすると時間が余ったり、１週間しかないのでバランスが難しい。

ばっしー：うちはイベントは無理に参加しなくてもいいことになっている。でもスタッフ数が足りなくて違うことをやりたい子のところにスタッフを割けなくて、「今日はごめん」と謝ったりすることもある。

かな：体調に合わせてだけど、うちは基本的にイベントには全員参加。

いお：イベントは無理に参加しなくてもいいよというのは最初から。夏休みに親戚の家に来る感じだから。イベントを少なくすると子どもと向き合う時間が増えるので、別の難易度が上がる。

ばっしー：自由時間は川遊びとか、すごい暑い日は家の中でだらだら。最近はゲームが多いかな。携帯ゲームはＯＫだけど自己管理するよう最初に伝えている。室内でだらだらというのは良くはないと思うけど、あまり制限したくないので。

しゅんすけ：携帯ゲームやカードゲームは基本的に持ってこないことになっている。自由時間はトランプや工作とか。夏は暑すぎて家の中で過ごすことが多い。

かんと：うちは琵琶湖というアドバンテージがある（笑）。琵琶湖までサイクリングして石を投げたり、イベントより楽しそう。最近はリピーター参加が増え、もう地元の子みたいになっていて新米スタッフに道案内している（笑）。

こんなふうになればいいね

ばっしー：国がお金を出せ（笑）。何年か前、ロシアのノボキャンプの人がキャンプ中に訪ねてくれてお話を聴いたことがあります。ロシアでは障がいのある子どもたちや低所得の家庭の子どもたちには、民間の保養キャンプに参加する場合でも公的支援があるそうです。隣接するベラルーシの汚染地に暮らす子どもたちには、国が保養キャンプにお金を出している。もともと旧ソ連では毎年夏に子どもキャンプが開催されていたので原発事故後の保養にもお金を出すようになったということです。でも、国がお金を出しているからといって国として原発事故の責任をとっているかというとちょっと違うかな。

日本はそんなベースもないし、安全だと宣言しているので国が保養キャンプにお金を出すという方向には行かない。でも、実際に廃炉作業はまったく安全とは思えないし、汚染水は溜まり続けているし、放射能はずっと漏れているし、原発事故は終わっていない。国が保養キャンプを実施するのではなく、保養キャンプ団体に国がお金を出すというのがいいかなと思うけどなかなかそうならない。とにかく原発事故は終わっていないことを国に認めさせるとこからだと思うけど、どうアプローチしたらいいかわからない。現実にはキャンプだけで手いっぱいだけど何かしなければと思う。

いお：スタッフが少なくなり継続が難しくなっている。キャンプのノウハウはどんどん蓄積されているので、スタッフ集めも頑張らなければと思う。運営説明会を開催したり、いくつかの団体が集まって運営のしかたを共有するのもいいかな。

かな　ありがたいことに当日スタッフはいつも足りています。地元の高校で家庭科の夏休みの宿題のひとつに保養キャンプを入れてくれてそれを選んだ子たちが参加し、その後輩たちも参加しています。また、福祉の授業で保養キャンプを入れてくれている学校もあります。

かんと：子ども数十人にスタッフ一桁という日もあって、事故が起きないか心配。一人でも多くの子どもたちが参加し、のびのび過ごしてもらいたいという思いとどうバランスをとるかが課題です。

かな：高槻市ではボランティア活動を発表するイベントがあり、ブースをもらって保養キャンプの写真を展示したり、報告集を置いています。大学の生協で活動している学生さんにも働きかけています。

ゆりか：保養というと小さい子、小中学生というイメージですが、当時子どもだった人が交流できるような「シンポジウム保養」みたいなのができるといいな。

今後どんなふうにかかわりたい？

かんと：ぼくは大学2回生なのでできるだけ参加したい。大学という環境を生かして若いスタッフを増やしたい。

みか：自分が参加するだけではなく、保育士を目ざす友人などにも薦めたい。就職しても可能な限り参加したい。

しゅんすけ：この4月から就職し、先が見通せない。「宝塚保養キャンプ」や他のキャンプにできれば参加したいし、大学でボランティア先を探している学生たちとの間に入るような形で取り組みたい。

あや：地元（熊本）でできることはないかなと探している。遠くからでもできることを見つけたい。

ゆりか：サポート紡のキャンプはできなくなったので、他のキャンプを支援したい。

いお：一昨年、久しぶりに長期参加し、そのまま中心メンバーに戻りそう。個人としてはキャンプの体制のようなものを見直さないといけないかなと思っている。保養キャンプを維持するには年間を通してつながりを保つことも必要だと思う。

ばっしー：チェルノブイリ原発の例を見ると保養キャンプは今後何十年と必要なので、「ゴー！ ゴー！ ワクワクキャンプ」が続く限り、また、なくなったとしてもどこかの保養キャンプに参加したい。「ゴー！ ゴー！ ワクワクキャンプ」はもともと若い世代が始めたので就職してからはかかわりにくくなる。それとこだわりが多くて、それに合わない人が抜けたりして反省点はいろいろあります。

かな：今年から社会人になったので、今までのように1週間の参加は難しくなるけど、休日はもちろん平日でも有給とれる日はできるかぎり参加したい。

最後に、メッセージをひとこと

かんと：3・11から10年経った今も被曝で苦しんでいる人はたくさんいます。保養キャンプに参加すると、きっと学ぶことがあるし、確実に新鮮な感覚が味わえます。具体的には福島の環境とか生活とか、今まで考えてなかったことにたくさん出会える。スタッフが少なくなってきているので即戦力として（笑）一緒に頑張りましょう。

みか：いろんな価値観に出会って自分の考え方の幅が広がりました。こだわった食によって自分も元気になり、新しい自分に出会えますよ。

あや：保養キャンプは小さな子どもたちから、おばあちゃんやおじいちゃんまで幅広い世代の人たちと出会える楽しいところ。

ゆりか：たくさんの人たちとの出会いをつなげる場で、人とのつながりの大切さに気付かせてもらえます。そして、子どもたちと遊べる楽しいところ。最初は参加者としておねえさんやおにいさんたちに助けてもらったこともたくさんありました。テキパキ働いているスタッフは素敵だなと思っていました。出会いを大切にしたいと思う人はぜひ参加してください。

いお：キャンプは修行です（笑）。人間的に成長したいと思ってる方はぜひ。新しく参加してくれる人はとても貴重です。意志があれば経験や能力は後からついてきます。いろんなことを話し合いながら一緒にやっていきましょう。

ばっしー：原発事故は現在進行形だということをぜひ伝えたい。

しゅんすけ：参加してみれば子どもたちも運営スタッフも温かく迎えてくれるので、ぜひ一歩踏み出してください。ハードルは意外と高くないですよ。

かな：「子どもたちに心身ともにリフレッシュしてほしい」という同じ願いをもつ幅広い世代の人たちとかかわれます。一度参加したら絶対もう一度と思えるほどうれしい気持ちになれるので、ぜひ参加してください。

（まとめ　高橋もと子）

第3章

保養がひらく新たなつながり

離れていても、ご近所のように気楽に助け合う関係を
――ペシャワール会にちなんだ人のつながり

話し手　関西きんじょすくいの会代表　神代《くましろ》大輔

「関西きんじょすくいの会」という団体名は、「東北と関西で距離は遠く離れているけれど、ご近所付き合いのように気楽に助け合おう」という願いに由来するのだという。関西と東北のスタッフが集まり、やりとりしながらつくりあげているきんじょすくいの会の「元気いっぱい琵琶湖キャンプ」について、代表の神代さんにお話を伺った。

キャンプのはじまり

神代：のちにコアスタッフとなる臨床心理士の新林智子さんが、2011年の5月から東北を訪問し始め

ました。誰に会えばよいかと相談されたので、宮城県の県南地域で30年以上有機農業を営んでおられる三田常義さん・さえ子さんご夫妻を紹介しました。県南地域は放射能による影響が大きかったにもかかわらず、福島県と違ってほとんど注目されない状態だったので、ぜひそこで人びとがどのように生き抜こうとしているか知ってほしかったのです。三田さんと私がなぜ知り合いだったかというと、ペシャワール会*の活動を通してです。私はかつてペシャワール会の現地スタッフとしてアフガニスタンに赴任していまして、三田さんは、「宮城からペシャワール会を応援する会」の中心メンバーだったんです。それで、震災の前年に三田さんと知り合いました。その時は、翌年にこんなことが起こるとは思っていませんでしたが。

三田さんは、２０１１年5月に新林さんが県南地域を訪問するのにあわせて、地域で主体的に放射能の影響と立ち向かおうとするお母さんたちに声をかけて小さな集まりを企画してくれた。そこで出たのは「放射能による健康影響や、放射能の不安を口に出せずに人間関係に悩むお母さんたちが他にもたくさんいます。被災して大変な思いをした子どもたちに、思いっきり遊んでストレスを発散できるような楽しいキャンプをしてもらえないだろうか」という訴えだった。

＊　ペシャワール会は、１９８３年、中村哲医師のパキスタンでの医療活動を支援する目的で結成された国際ＮＧＯ。以後、中村医師の活動がアフガニスタンへと広がっていく中、中村医師が率いた現地事業体ＰＭＳ（Peace Japan Medical Services 平和医療団・日本）を支援し続けている。会員と支援者の寄付のみで運営されており、会報の発行を通じて現地での活動などを報告している。事務局は福岡市。２０１９年12月4日、中村医師はアフガニスタン・ジャララバードで5人の現地スタッフと共に銃撃されて亡くなった。ペシャワール会とＰＭＳの事業は今も継続されている。

神代：新林さんからその提案をきいたとき、正直に言うとあまり気持ちが動きませんでした。チェルノブイリ原発事故の後に保養が取り組まれて今も続いていることは知っていましたが、それは国レベルで実施する話であって、自分たちのような個人の集まりにできることがあるとは思えなかったんです。

しかし実際に現地にそのようなニーズはある、どうすればよいだろうか。そこで神代さんは、同じくペシャワール会の現地スタッフだった荒野一夫さんに相談した。以前から親しかったし、琵琶湖畔の山荘に住んでおられる。何度か行ったことがあった、あの居心地の良い山荘で実施できるなら、キャンプも実現可能ではないかと考えた。

神代：荒野さんに相談すると、「できますよ」と即答だったんです。使用料はいらないから自由に使ってほしいと申し出てくれました。あの場所がなかったら、キャンプは実現できなかったと思います。費用については、呼びかけに応じて心ある個人や団体からのカンパが思いのほか届いたうえに、新林さんが関わっていた学生ＹＭＣＡが親身に協力してくれました。また、東北には行けないがなにかしたい！と考えていた関西メンバーも、どんどんキャンプスタッフとして集まりました。

みちのくスタッフと共に

きんじょすくいのキャンプの大きな特徴の一つは、現地スタッフが「みちのくスタッフ」として子どもたちの付き添いで参加していることだ。ペシャワール会の同志だった紺野道寛さん、草木染を生業と

琵琶湖で湖水浴

する日下文子さん、臨床心理士の有賀直美さんなどだ。

神代：第１回目のキャンプでは、震災や原発事故、避難生活などたいへんなストレスを全身で受けながら暮らす子どもたちを迎えたので、子どもたちの激しい言動に戸惑うこともいろいろありました。そんなときに、東北からの付き添いスタッフがそっと子どもの気持ちを代弁してくれて、「そういうことだったのか」と気づかされることも多かったです。関西スタッフが見落としがちな視点を伝えてくれるという意味でも、キャンプに欠かすことができない大切な存在です。

きんじょすくいの保養は、当初予定していた親子キャンプではなく、現地のニーズに合わせて子どものみを受け入れるキャンプに変更された。その理由は、第１回キャンプの報告書に記録されているように、「知人たちに声をかけてみて、『避難できる人は、すでに県外移住していること』『行ける子は、夏休

みんなで野染め体験

みそっくり長期でもう計画を立てていること』『両親が共働きで、親子ではキャンプに行けない子ども、経済的な事情や親の仕事などで、避難ができない家庭、外国籍の子どもが、キャンプ参加を断られたり情報過疎で不安に思っていること』などが分かってきた」からだという。

神代：「元気いっぱい琵琶湖キャンプ」では一貫して、みちのくスタッフのみなさんが、直接に保護者の方たちに声をかけて、お互いに顔が見える範囲で募集を行ってくれます。東北でのこうした人と人との安心できる関係作りがあってこそ、安定して運営できるのだと強く感じます。また、行政の取り組みからは零《こぼ》れ落ちてしまうような子どもたちと家庭のニーズをひとつひとつていねいにすくいあつめることの重要性を強く感じながらこれまで運営してきました。

おかげで、さまざまな状況の子どもたちと出会えました。たとえば、南相馬市から原発事故により宮城県の丸森町に避難して、避難所になっている体育館から地域の学校に通っていたきょうだい。地元の子どもが、「学校の友達も誘いたい」といって連れてきてくれたのです。福島市からは、日本語があまり話せない外国にルーツのある子どもたちも来てくれました。２０１１年のキャンプ最終日、別れ際に参加者と関西スタッフの号泣する姿がありました。キャンプは今年で終わるものではなく、来年もせなあかんことなんや、とはっきり意識しました。

神代さんが初回から印象深かったのは、とくに丸森町から来た子どもたちが、故郷を非常に深く愛していることだったという。その印象は、思わぬ形で２０１９年に証明される。まだ記憶に新しい２０１９年の台風19号で、丸森町が壊滅的な被害を受けた。町役場とその周辺の市街地が完全に水没した映像は、ニュースでも全国に大きく報じられた。泥だらけの家屋、土砂に埋もれた田畑……その丸森町で、自発的に復旧作業に参加して大きな話題となった高校生の中心に、きんじょすくいのキャンプに参加し続けている子どもたちがいた。

神代：参加者の定員は15人程度だし、ずっと参加し続けている子もたくさんいます。第1回目は大人を困らせていた小学生が、高校を卒業して働きだしてからはしっかりした引率のお兄さんとして来てくれたりしています。小規模だからこその良さがあって、大家族のような関係性になるし、スタッフが一人ひとりにしっかりと関われるのも大きなメリットです。新規の参加者をどんどん増やすようには運営していないので、広がりとしては狭いかもしれないけれど、同じ子どもの成長を長～く見せてもらえたという喜びがあります。リピーターの数をどうするか、他の子どもたちにも参加してもらえるように工夫したほうが良いのではないか、と話し合ったこともあったけれど、また来たいと思ってくれる子どもがいるならば、こちらから制限する必要はないと思って自然に任せているうちにこうなりました。

10年目に当たる2020年、新型コロナウイルスの蔓延でキャンプが中止となってしまいました。このままでは終われない、という気持ちです。

ペシャワール会とつながりのある人々がたくさん関わっていることは、こうしたきんじょすくいの会の活動のありように何か影響を与えているのだろうか。

神代：私がアフガニスタンで活動して学んだこととして、こちら（支援する側）の意見を押し付けないこと、現地の人の話を聴くこと、この二つは常に大切にしてきました。それだけではなく、中村哲さんが話しておられたり、書いておられたりしたいろいろな事柄が、スタッフの中で行動原理として共有されていると思います。行動原理と言っても、堅い話ではなく、普段口に出してまでは話さないけれども、伏流水みたいに流れていますね。

第1回キャンプの報告書の巻頭ページ、三田さえ子さんによる「ごあいさつ」と題された文章の末尾には、このようなことばが添えられていた。

「己が何のために生きているのかと問うことは徒労である。人は人のために働いて支え合い、人のために死ぬ。そこに生じる喜怒哀楽に翻弄されながらも、結局はそれ以上でもそれ以下でもない」
中村哲（ペシャワール会報108号より）

（まとめ　宇野田陽子）

団体名	関西きんじょすくいの会　(2011年設立)
初めて開催したのは	2011年夏　(通算10回開催)
開催時期・期間	年1回夏休み期間中　5泊6日
開催場所	滋賀県大津市 (白雲山荘)
対象	福島県、宮城県の子どもたち
受け入れ人数	15人前後
スタッフの人数	コアスタッフ約10人、当日ボランティア15人前後
大事にしていること	草の根の力に支えられ、子どもの声を聴き、現地の声を聴く
団体ＵＲＬ等	Twitter　https://twitter.com/kansaikinsuku

保養でつながるご縁～地域と現地、そして人

たかつき保養キャンプ・プロジェクト　松野尾かおる
出水正一

初めの一歩

たかつき保養キャンプは、第1回が2013年夏でした。仕事や経歴もさまざま、年齢も10～90代までの地域の幅広い人々が力を合わせて続けてきました。

無我夢中で第1回を終えたあとの記録には、「山のような反省点もあるけれどやってよかった」と次のように書いてあります。今読み直してみるとほんとうに「初めの一歩」です。

1．子どもたちが喜んでくれたこと（来たときと帰るときの表情が変わった）。

2．「遠い」福島原発事故とその被災者が身近になった。

3．いままで縁のなかった地域の人たちと協力しあい、知り合いが増えた。
4．若い人たちの参加が力になった→今後の貴重な財産になった。
5．行信教校《ぎょうしんきょうこう》を宿舎としてお借りできたこと。
（学校法人行信教校：高槻市にある浄土真宗本願寺派の百余年の歴史を持つ僧侶の学校。大小の部屋、広い厨房や浴室等、生活環境が整備されている）

0からの出発～地域のご縁をつないで

市内に住む木下廣子は、40年ほど前、地元で始まった住民の手による病院建設をめざす「富田《とんだ》健康を守る会」に参加しました。1982年の病院開設後も地域のボランティア活動を続けてきました。原発事故を知って胸が痛み、保養キャンプの計画を聞くと、当時88歳でしたが「私の新しい挑戦や」と立ち上がり、よびかけ人となって近隣を一軒一軒回って協力をよびかけました。それに応えて「労力も資金もできる範囲」で応じてくれたのが町の人たちでした。木下は「1回目が終わって初めてキャンプってこういうものかとわかったんです。何もわかってないのに声かけしてたんやね」と笑います。

2012年秋、キャンプ立ち上げを考えていたメンバーのひとり、笠村容子が行信教校のすぐ近くに「カフェぽぉ」を開きました。そこに来店されたお客の僧侶の方が「キャンプの場所探し」の話を聞いて紹介してくださったのが行信教校でした。さっそく数人でお願いに行くと快く貸してくださることになりました。これで「カフェぽぉ」を拠点に準備が進んで第1回にこぎつけました。笠村はキャンプの食事班

宿題もみんなでやれば楽しい

を担って来ましたが、「次の人たちにつなぐためのマニュアルを作らなければ」と意欲を燃やしています。

最初は軽い気持ちで……

高谷《たかや》信善《のぶよし》は僧侶で行信教校の職員です。高谷はこう語ります。

「私は職員としてキャンプの様子を知っておこうという軽い気持ちで現場に入りました。子ども相手の人手が足りないように見えて、子ども好きだったこともありそのままスタッフになり、後にはよびかけ人代表になってしまいました（笑）。

キャンプを通して原発事故や子どもたちへの放射能の影響について考えるようになり、視野も広がりました。今までご縁がなかった世代や仕事の違う地域の人たちとの交流が生まれ、人とつながっていく楽しさと大切さがよくわかりました。行信教校の学生にも参加を呼びかけ、その時の数人が2回目からは子どもチームのリーダーになってくれました。毎年の『終わりの会』の時、子どもたちの笑顔や親御さんの涙を見て、やってきて良かったとつくづく思いますね。

20代の初め、インド旅行中に誘われ何度かマザー・テレサの運営する重病人の看取りの施設のボランティアを経験しました。想像以上のきつい仕事でしたが『してあげるのではない、自分が助けられているのだ』という（もちろん宗教的考えではありますが）ボランティアの精神など多くのことを学びました。保養キャンプも単に人助けではなく、お互いの不安をみんなで共感しあいながら解決していく場になれたらいいと思っています」

顔の見える関係〜共につくる「保養」を

1回目の忘れられない思い出は、準備が進み、資金も集まってきているのに肝心の「参加申し込み」がなく、不安になって「このままでは夜逃げかな」と半分本気の冗談を言い合ったことです。

でも6月初めの「311受入全国協議会」主催の保養相談会（いわき市、二本松市）に行き、現地の方たちとお会いしてから申し込みが続き、結果として13人の子どもと保護者4人が来てくれることになりました。考えてみれば、遠い大阪の見知らぬ人たちに、しかも1回目で実績もないキャンプに子どもを送り出すのですから、親御さんが「募集要綱」だけでは判断に迷うのは当然です。「顔を見て、話せて安心したので申し込みます」と言っていただいたときは正直うれしかったです。

「保養」は送り出す側と預かる側が共に作るものなので、保護者のキャンプ参加は大歓迎、また相談会をはじめ保護者のみなさんと顔を合わせる機会を大切にしています。

歓声がこだまする！（高槻・摂津峡にて）

「現地を知る」～スタディツアー

毎年キャンプ前後には、地域にも呼びかけて現地の状況を共有する学習会なども重ねていますが、子どもたちに「おいでね」だけでなく、こちらからも現地を訪ねようと、スタディツアーに取り組むことになりました。２０１４年に２回、２０１５年に１回、２０１８年には「ほようかんさい」の仲間たちと一緒に、毎回地元をよく知る方たちの協力で実施しました。現地に行き、原発事故が人々の暮らしにもたらす被害の大きさや複雑さなどを知ることは、保養の持つ意味を考えさせられ、私たち自身の暮らしや生き方を重ねることにもなりました。時は移り、見た目も大きく変わって来ている被災地ですが、そこで暮らす人々とのつながりを大切に、ツアーはこれからも続けたいと思っています。

現場に飛び込んで行く高校生から元気をもらう

大阪府立芥川《あくたがわ》高校和太鼓部は全国優勝経験もある「強豪校」です。２０１６年と２０１７年の春、「たかつき保養キャンプ応援」のチャリティーコンサートを開いてくれました。きっかけは、当時の顧問（現在名誉顧問）の山下勉先生が２０１５年春の３回目のスタディツアーに参加したことにあります。その山下先生のお話です。

「部員たちは私の福島の話を聞くと、自分たちで考えて、夏休みの合宿として『福島現地訪問』を企画しました。当初、教員が受け入れ先を打診しましたが『余裕がない』と断られました。部員たちはあきらめず自力で交渉し、会津若松市といわき市内にある仮設住宅で受け入れてもらうことになりました。部員たちは到着するとまず各戸を訪ねてお話を聞かせてもらい、その後演奏を披露、住民のみなさんはとても喜んでくれました。また小名浜高校和太鼓部との合同演奏会も実現し、若者同士の交流もできました。

この合宿で、部員たちは被災者の思いに直接触れ、『つながり』の大切さを胸に刻みました。そして地元での『たかつき保養キャンプ』を知って、他の部にも働きかけ計６回の合同チャリティーコンサートを開きました。募金も驚くほど集まりました。

和太鼓部は、それまでも毎年国内外の災害支援の活動はしてきましたが、福島現地での体験と地元の保養キャンプ応援は『お互いの顔の見られる関係』が感じられ、カンパの使い方も実感としてわかるものでした。部員の中からキャンプに参加し、スタッフとして活躍する者も出てきて、私としてはとてもうれしいです」

大阪府北部地震～お互いに「自分事」と感じる想像力

２０１８年6月18日朝（第6回キャンプの40日前）、最大震度6弱の大阪府北部地震が起こり、震源に近い高槻市でも多くの被害が生じました。ライフラインの復旧具合や宿舎の状況からキャンプは開催可能と判断し、参加予定の方には再度の意思確認をさせていただきました。「行きたいが心配なので辞退」、「地震も怖いけれど放射能から離れたいから参加」など、迷いながらの結論が届きました。同時に「高槻も大変でしょう。何かできることはありませんか？」という言葉が添えられていました。頻発する自然災害（人災がその被害を拡大する）の下、いつでも、どこでも、誰でも被災者になりうる時代です。想像力をもって「お互い様」のつながりを強めたいと思う経験でした。

終わりに

「原発はひとたび何かおこると取り返しがつかない。保養はとても大切だが、保養が必要でなくなる環境を作りたい」、これはチャリティーコンサートでの高校生の言葉です。この言葉をかみしめながら、これまでのご縁を大切にして、「コロナ災害」の先にあらたな「初めの一歩」を歩みたいと思っています。

年々、保養をめぐる状況も変わってくる中、生じる悩みや課題を共に考え、歩んでくださった関西の保養に関わるみなさんに心から感謝申し上げます。

団体名	たかつき保養キャンプ・プロジェクト　(2012年設立)
初めて開催したのは	2013年夏　(通算7回開催)
開催時期・期間	年1回（夏休み）　7日間
開催場所	大阪府高槻市（学校法人行信教校）
対象	東京電力福島第一原発事故で被災した地域の子ども、保護者
受け入れ人数	子ども15人前後、保護者数人（幼児は保護者同伴）
スタッフの人数	事務局スタッフ10人（年間通して)、ボランティア80人前後(準備～期間中)
大事にしていること	のびのびゆったりと過ごす。できるだけの外遊び。安全でおいしい食事。
団体URL等	Blog　http://takatsukicamp.blog.fc2.com/

たずねた場所はどこも我が家と思いたい

福島ハーメルン・プロジェクト
ジョイントチーム代表　熊　和子

「福島ハーメルン・プロジェクトジョイントチーム」は、2012年から一時保養キャンプを始めました。キャンプの目的は子どもたちを放射能被ばくから守り、強く賢く思いやりと豊かな心をもつ、楽しい大人へと成長してもらうことです。これまでに14回開催し、のべ約200人が参加しました。原則保護者同伴です。福島では、なかなか口に出来ない不安などを、4泊5日、心おきなく語り合うことで、保護者にも元気になってほしいからです。

なぜ保養キャンプ活動を始めたのか？　よく聞かれる質問です。原発を作ったのは大人たちの責任です。大人として、その責任をどのようにとっていくのか？　2011年秋、福島で県外への母子避難の活動をしていた「福島ハーメルン・プロジェクト」と出会い、私たちは、そこに繋がるという意味で「福島ハーメルン・プロジェクトジョイントチーム」を立ち上げました。Tシャツなどを作り、原発事故に苦しむ人々を支援する活動をしている団体へのサポートをまず始めました。

ところで、この「私たち」の正体とは何でしょう。設立メンバーは、それまで市民活動や福祉活動、地域活動などが全く未経験。「何かせんとアカン。何とかせんとアカン」という思いだけで友人・知人が集まりました。その多くが阪神・淡路大震災の被災地に居住していました。やはり１９９５年の体験がその根底にあったからでしょう。そんな中、メンバーが作った絵本『奇跡の木』[1]（文：木田拓雄　絵：藤井一士　発行：㈱サイプレス）を、３００人を超える賛同者を得て、売り上げの全額を活動にあてるチャリティー絵本として発刊しました。まずこれで組織的・資金的基盤を作りました。そして、具体的で直接的な活動として、全国で始まっていた「一時保養キャンプ」に踏み出したのです。

２０１２年夏、福島から28人が参加する第１回キャンプが、兵庫県豊岡市で行われました。

淡路島での出会いへ

勢いで突入した第1回キャンプですが、規模が大き過ぎ、運営面や資金調達に課題を残しました。そこで、メンバーが所有するログハウスが兵庫県淡路市にあったことから、そこに拠点を移し、規模を若干縮小して、２０１３年春から「ワクワク淡路島発見キャンプ」という名称で再スタートを切りました。

中国料理のシェフやアウトドア料理人、イラストレーター、ロックダンスの名人、アマチュアマジシャンなど友人・知人のつてを頼って、プログラムを作っていきました。しかし、淡路島出身ではないメンバ

1　陸前高田の海岸に残る1本の木。民話から奇跡を継承する松の木が、どのように人々の救いを生むのか……。

闘志満々！　水鉄砲

ーが淡路島で活動を続けるには、多くの困難がありました。2015年、チャリティー絵本第2弾『本から生まれるものは愛』[2]（文：木田拓雄　絵：藤井一士　発行：関西学院大学出版会）の印刷経費などをクラウドファンディングで調達。その活動を紹介した新聞記事を読んだ、淡路市の職員の方から連絡がありました。淡路市民協働センターのHさんで、「人を繋ぐ」という観点から私たちの活動を支援したいと申し出てくれたのです。

　Hさんたち淡路市民協働センターのメンバーの皆さんのご協力で、私たちは淡路在住の多彩な人々と出会うことが出来ました。転々としていた参加者の宿泊施設も、紹介してもらったゲストハウスで落ち着きました。裏庭からすぐに海につながり、子どもたちが遊べる自由な空間があり、ピザ窯があり、自然の恵みを大切にした食事が提供されます。そのオーナーから、無人島成《なる》ケ《が》島《しま》を教えてもらって開催した運動会、近くの漁師さんたちの協力で、名物の「タコ飯」作りや魚の調理、昼網の水揚げの見学などもできました。

畑での極早生タマネギの収穫体験を提供してくださった方、水鉄砲作りなどを教えてくださったペンションのオーナー、バスターミナルと宿舎の送迎をかってでてくださった方々、福島の子どもたちとの交流イベントに協力いただいた学童保育の皆さん、ミニバスケットボールチーム、バレーボールチームの方々、世界的なイベントとして知られる「希望の凧あげ」[3]の主催者の方、ほんとうに多くの人々と繋いでもらったのです。

主要メンバーが本格的に淡路に生活拠点を移したのと、保養キャンプ活動の歴史はほぼ重なっています。私たちにとっても「ワクワク淡路島発見キャンプ」だったのです。豊かな淡路の自然と人々に支えられ、キャンプはのびやかな性格を保って続けられました。

大切なこと・子どもの力への信頼

「ワクワク淡路島発見キャンプ」で参加者が楽しみにしている場所にプレイパーク淡路島冒険の森があります。森番と称する、小学校の校長先生だった「こみ爺」さん。彼の実家を改装した建物を中心に整備された里山ですが、そこの入口の掲示板には「自分の責任で、自由に遊ぶ」と書かれています。朝、冒険の

2　美しい絵とともに、福島の、福島での福島への希望を謳う13篇の詩画集。

3　パレスチナ・ガザ地区の子どもたちが、東日本大震災の被災地への連帯を示すために始めたイベント。世界と日本の各地で3月11日に凧あげが行われている。

みんなで歌って、踊る

森に到着すると森番「こみ爺」から、まずこの言葉が子どもたちにかけられます。すると、不思議なことに、里山を駆け回り、竹の滑り台やブランコ、ハンモックで遊び、のこぎりやはんだごてを使って木の実や竹、貝殻の工作をしても、だれもケガをしないのです。

この言葉は、子どもの力への信頼から生まれたものです。信頼を受けた子どもたちは、幼い子どもを見守り、年長の子どもの背中をみつめ、自分の責任と自由を身につけていくのだと思います。そんな姿は、私たちのキャンプの指針である「ひとりの病人もけが人も出さず、来た時より元気になって福島に帰っていくこと」を具体的に示してくれているようで、いつも励まされるのです。

中学生になると、部活動などの関係で多くの子どもがキャンプ参加を見送ります。「大きくなったらボランティアで参加する」。そう宣言していた子どもたちがいました。そして、２０１８年にはＭ君が友人のＨ君と、２０１９年にはＹ君とＲ君が、中学校を卒業し無事に進学を果たした春休み、３年の年月を超え、ボランティアとしてキャンプに参加してくれる日が来た時には、スタッフ一同、心からの喜びに包まれたのでした。「継続は力なり」です。

これからのこと

私たちのキャンプの大切な取り組みのひとつに、神戸市にある東神戸診療所（所長：郷地秀夫先生）での検診があります。キャンプに検診を取り入れたのは、参加者から「皆、ちゃんとした検診を望んでいる」という要望があったからです。郷地先生は日本の被ばく者医療の第一人者で、希望するキャンプ参加者全員が受診し、福島県の補助がない保護者や、県外に転出した子どもの医療費は全額私たちが負担します。キャンプ初日、福島から到着した参加者たちは、まず検診を受けます。福島で生活することによる、健康面への不安を多くの保護者が抱えています。しかし、この検診で、自分たちの体の状態を確認できることは、ひとつの安心につながります。この取り組みは、２０１７年、オレンジコープ（大阪府泉南市）さんからの大口の寄付をもとに創設した「福島ヒカリノコドモオレンジ基金」につながり、キャンプ参加者以外の避難者なども、一年を通して検診を受けられる体制が出来ました。

２０１９年、３冊目となるチャリティー絵本『ゆ・く・え・ふ・め・い』[4]（文：木田拓雄　絵：だるま森　発行：㈱サイプレス）を出版。２０２０年春キャンプに向けての準備も着々と進んでいました。そこへ新型コロナウイルスの感染拡大です。キャンプは休止に追い込まれました。見えないウイルスとの闘いは、見えない放射能と向き合う多くの人々に、更なる試練を与えています。

参加者の言葉があります。「たずねた場所はどこも我が家と思いたい」。ある意味で、これまでの参加者

4　ぼくを助けようと津波の海に飛び込んだパパ。パパをみつけることができるのか……。

の皆さんは「ゆるやかな拡大家族」です。淡路島を「我が家」と思ってくれる福島の子どもたちがいる以上、困難に直面している人々に対し、「何かせんとアカン。何とかせんとアカン」という愚直な想いから行動に移した精神を忘れずに、出来ることを探し続けていきます。

団体名	福島ハーメルン・プロジェクトジョイントチーム（2011年設立）ワクワク淡路島発見キャンプ
初めて開催したのは	2012年夏（通算14回開催）
開催時期・期間	2012～18年・年2回（春・夏休み） 2019年～年1回（春休み） 4泊5日
開催場所	兵庫県淡路市
対象	福島在住の家族、福島からの避難家族
受け入れ人数	3～5家族
スタッフの人数	約20人（コアスタッフ6人、ボランティア約15人）
大事にしていること	強く賢く思いやりと豊かな心をもつ、楽しい大人に成長してもらうこと。キャンプに、東神戸診療所での甲状腺等の検査を組み入れ、健康へのサポートをすること。
団体ＵＲＬ等	HP http://hamelnjoint.com/

心の居場所「のらねこ軒」を舞台に
――座談会的インタビュー

おこしやすキャンプ・スタッフ　中澤千果　中澤孝治
大久保拓哉　遠藤礼子
聞き手　小野　洋（編集委員）

はじまり

小野：おこしやすキャンプはどのようにして始まったのですか。

中澤（孝）：ライブイベントなどゆるい学生運動を通してできた友人たちと始めました。私が最初に保養キャンプをしようと声をかけました。放射能汚染の心配がある震災がれきの全国での広域受け入れの問題があって、結局京都で受け入れないことになったのですが、「京都はよかったけど、福島の子どもたちはなんにも良くないよな……」と、思い立ったのが保養キャンプでした。

震災直後から福島で支援の活動をしていた学生時代の友人の一人に、飯舘《いいたて》村の避難者がたくさん住んでいるみなし仮設の集合住宅を紹介してもらい、２０１２年5月にキャンプの参加者募集をしました。

中澤（千）：震災直後でまだ飯舘村に避難指示が出ていない頃、* その友人が「今から飯舘に行って避難を促してくる」、「もし避難する人を連れて帰ったら、住まわせてほしい」と言ったんです。結局その時は政府が大丈夫だと言っていて誰も動かなかったんですが、友人がとてももやもやしたものを抱えて帰ってきました。その「もやもや」が私たちの中にも宿っていて、いつか飯舘村の人たちのために何かできないか、というのがあったと思います。

のらねこ軒

小野：大久保さん・遠藤さんの住まい「のらねこ軒」を毎年宿舎にしていますが、どのようにご縁ができたのでしょうか？

中澤（孝）：２０１２年夏の最初のキャンプで、6泊を予定していた大学の宿舎が2泊しか利用できないことが直前にわかったんです。その時に大久保さんと遠藤さんの話が出て、本当に光が差してきた思いでした。お寺の1泊とのらねこ軒の3泊を加え、6泊7日で20数名を受け入れることができました。

大久保さんたちが、福島の人たちにウェルカムな感じでうれしかったし、最初の年からみんな「のらねこ軒、大好き」という感じでした。保養キャンプって、来てもらう家＝「箱」とロケーションが大事だと思うんです。近くに琵琶湖があって、近くのホテルのご厚意でプールにも入れて、なおかつ森の中で虫取りもできて……。そういう点も保養にぴったりで。

中澤（千）：1年目は特に、飯舘村の子どもたちにとって森があるとか川がある、というのはとても大事

琵琶湖での水遊び

だったと思います。震災前までは虫を採ったり魚を採ったり自由にしていたのに、「虫は触るな、落ちてるものは触るな」と言われてお家の中に閉じ込められて……。しかも窓も開けられない状況だった。

小野：大久保さん、遠藤さんはその時、どんなふうに思われていましたか？

大久保：（急な宿泊の依頼に対して）特にびっくりはしなかったですね。２０１１年から保養を

＊　飯舘《いいたて》村は原発から約40㎞離れているが、風向きの関係で高濃度の放射能に汚染された。村民の中には3号機が爆発した3月14日から周囲に避難を呼びかけ、村役場に村民を避難させるよう働きかけた人もいたが、国も村も放射能汚染の事実を知りながら隠蔽した（菅野哲『〈全村避難〉を生きる』 言叢社　２０２０年）。計画的避難区域に指定されたのが4月22日、公的な避難が開始されたのが5月15日と対応が非常に遅れた。２０２１年3月5日には、飯舘村の元住民ら29名が、避難の遅れで被曝し、避難により生活基盤を失ったとして、国と東電に対し賠償請求訴訟を起こしている。

やってるところもありましたし……。

遠藤：私たちがここに来たのが２０１１年の秋。せっかくなので知人に遊びに来てもらえるような大きい家に引っ越しました。まさにこういうことに使ってほしいな、と思っていました。

中澤（孝）：宿舎の「箱」だけでなく、そこでの居心地も大事で、福島の人たちの痛み、大変さを、ちょっとした会話の中で受け止めてくれる二人の存在が安心感になっているんだと思います。それは、キャンプを主催する自分たちにとっても同じでした。

中澤（千）：なんかむちゃくちゃなことをこっちが言うんですよね。「盆踊りさせてくれ」とか「お化け屋敷」とか（笑）。普通の施設だったら断られるようなことがほぼＯＫなんです。

印象的な出来事

小野：キャンプで印象的だったことは？

中澤（孝）：初年度に印象深かったのは、子どもたちが蝉の抜け殻や松ぼっくりをすごく集めていたこと。自然への接し方が「何やってるの、これ？」と感じるくらい過剰（？）でした。後で聞いたら「福島だったら触れないから」と……。「この抜け殻、持って帰りたい」とも。

中澤（千）：泳ぐこともまったくできてなかった感じがありました。

中澤（孝）：初年度、バーベキューをした時に、お酒も入って、参加者の人同士、事故のとき、地震のときにこうだったという話をお互いに話したり、私たちに話してくださったりして、みんな泣いている……。

中澤（千）：みなさん同じところに暮らしているのにそういう話が今までできなかった、住んでいるとこ

雨の日のジェスチャーゲーム

ろを離れてようやくそういう話ができた、と。

遠藤：私はだいたい台所にこもっているので、子どもたちとあまり交流できないのですが、「夜の部」で大人と交流するんです。仲良くなってくると、放射能のことだけじゃなくて、いろんな悩み、家庭内のこととかも話したり……遠くの関西の人だから話し易いんだと思います。

やめようか……でも、やるしかない

小野：２０１８年頃、それまで中心メンバーが大変になってきてやめようかということになったと聞いています。

中澤（孝）：実は、やめようか、という話は初回（２０１２年）の後にもあったんです。いいキャンプはできたんですが、スタッフ間に想いの差があって、もう次のキャンプはできないな、という感じになっていました。でも、その時に千果ちゃんが「もう、やるしかないやん！」と言ったんです。僕は「ええ〜!」と……。

中澤(千):むちゃくちゃだ、と自分でもわかってたんですけど、やるって決めて言葉にしてしまうと力が湧いてくるし、協力者も出てきて。それで新しく4人の実行委員の体制を作りました。

小野:2018年の2回目の危機は?

中澤(千):それまで代表をしていた私が子育てが大変になって、実行委員を続けられなくなったんです。他の3人のうち2人もやめることになって。それで他のスタッフに相談しました。その中で、続けたい、実行委員やってもいいよ、と言ってくださった方がいて、それで、新しい5人を加えた6人の実行委員の「第三次」のおこしやすキャンプが始まりました。

中澤(孝):スタッフに恵まれています。自分は人を巻き込んだりは出来るんですが、実務がまったくできないタイプで、遠藤さんがキャンプを全体的に見て、「盆踊り、どうしてもやりたい」とかの夢見がちなスタッフを冷静にさばいてくれたり、という感じです。

遠藤:おこしやすキャンプってけっこう子連れで参加のスタッフが多いんですよね。代わる時にも千果ちゃんのように子どもが生まれるから、という人と、子どもが大きくなったから実行委員に参加できるっていう人がいたりして。

想い

小野:最後に、みなさんそれぞれの想いを聞かせてください。
遠藤:前にスタッフの一人が、「おこしやすキャンプはすごく楽しい。でもそれじゃなく、だいじ。だから続けたい」と言っていました。その「だいじ」という言葉が胸に残っています。

中澤（孝）：キャンプでの出来事が自分の人生にとって宝物のようになっています。自分のためにやっているのかな、と思うことも多いです。参加者とスタッフの命がきらめいているような姿をたくさん見ることができた、と。出会った福島のみなさん、関係ができたみなさんと会いたい、つながりを保っていきたいと思っています。

中澤（千）：私も、福島の人のためにと思って始めたんですが、1回目からたくさんのものを頂いてしまった感じです。与えているように見えて、実はものすごく受け取っている行為のような気がしています。

福島の難しい現実はずっと続いていくだろうし、子どもたちにとっては、例えばあのプルーム（放射性雲）が飛んでいた時に野原で遊んでいたことを抱えて生きていかないといけないのではと思います。どんなふうにあの子たちの未来に関わっていけるのか……。でも、つながりはあるので、あの時に関わってくれた大人たちがいるから頑張ってみようとか、京都に行ってみようか、とか、一つの「居場所」になってくれたらいいなと思っています。

大久保：僕自身は保養キャンプのような大それたことを自分から企画してできるようなキャラでもないし、そんな能力もないわけですが、こうやって巻き込んでくれる人たちが近くに居て、ほんとによかったな、と思います。

原発の問題だけでなく困難を抱えている人はたくさんいるわけで、家族や職場以外に相談できる人が誰もいないというのは良くないと思うんです。僕は3・11前は福島に一人も友だちがいなかったわけですが、こうして遠くの人たちと関係ができて、それが何かの時に役に立つかもしれない。のらねこ軒の近く、40～50㎞の福井にたくさんの原発があって、こちらが福島に逃げなければならなくなるかもしれないし……。

遠藤：スタッフの子どもとして参加していた子が大きくなって、小さい子の面倒をよくみて優しく遊んでいるのを見て、次の世代の若い人たちとのつながりが、とても素敵だなと思ってます。

小野：胸を打つ話が多くて……。なんかとってもステキでした！

団体名	おこしやすキャンプ　(2012年設立)
初めて開催したのは	2012年　(通算8回開催)
開催時期・期間	夏休み 4泊5日〜5泊6日
開催場所	滋賀県大津市
対象	新規募集は、未就学児とそのきょうだい、保護者同伴。 リピーターは年齢制限なし。
受け入れ人数	子ども約16人、おとな約8人
スタッフの人数	実行委員6人、当日スタッフ約40人（子ども含む）
大事にしていること	子どももおとなも参加者もスタッフも一緒に楽しむ。その人がその人らしく輝く瞬間をどれだけキャッチできるかにみんな全力です。
団体URL等	HP　https://okocam.jimdofree.com/

笑顔つながるささやまステイ

『つづける』から『つながる』へ

笑顔つながるささやまステイ実行委員会　中村伸一郎

今年で東日本大震災と福島第一原発事故から10年。丹波篠山での保養は、主催団体が変わりながらも活動を続けている。続けることで、被災されたみなさんとつながり続けている。

丹波篠山、保養の始まり

２０１１年夏、丹波篠山での保養は「オーガニックキャンプ」として始まった。東日本大震災が起き、市民としてどう支援すべきか？　と考えていた時、「チェルノブイリ・ヒバクシャ救援関西」のメンバーとしてチェルノブイリ原発事故の支援活動をされている振津かつみ先生の講演会で「避難できない人たちのために保養が絶対に必要」と聴き、有志が集まり活動を開始。親子あわせて14人を迎えて開催した。福島県内では夏でも窓や戸を閉め切り、子どもたちは屋内で遊ぶことを余儀なくされ、服装も長袖長ズボンが奨励されていたが、丹波篠山では心おきなく外で遊ぶことができ、日頃たまったストレスを解消。また保護者も参加者同士あるいはスタッフとの交流を通してつらい経験をシェアすることによって、3月11日以降の急激な環境変化における重圧感から解放されることにつながった。

篠山市（現在は丹波篠山市）では、このことをきっかけに、2012年に原子力災害検討委員会が立ち上がり、原子力災害から市民を守るために、安定ヨウ素剤の事前配布、原子力災害ガイドブックの発行など、防災啓発にもつながっている。

私が『保養』を初めて知ったのは、2012年NPO法人風和が主催した『ささやま里ぐらしステイ』。ボランティアとして参加し、車での送迎や街歩きのガイドを担当した。子どもたちと保護者が別行動の日、忘れられない出来事が起きた。別行動とは言え、幼児は保護者が連れて街歩き。器や雑貨などを扱う店に入りしばらくすると、女の子が泣き始め、お母さんは一緒に店の外へ出た。そのお母さんは陶芸を仕事にされていて、器には誰よりも関心があったと思う。店の中でいろんな作家の器をもっと見たかったに違いない。「子どもたちを被ばくから守りたい」との一心で保養に参加される保護者のみなさん。「お母さんたちにこそ、ゆっくりのんびりする時間、自分を大切にする時間が必要なんじゃないか。」そう思った出来事だった。『保護者のケア』は、保養を続ける大きな理由の一つとなっている。

宿舎近くの川で、遊ぶ子どもたち

小学生からの手紙

東日本大震災、そして福島第一原発事故から10年。２０１２年や２０１３年に来ていた小学生たちは既に大学生や社会人となっている。２０１４年春、そんな中のひとり、当時小学4年生が私たちスタッフに手紙をくれた。その一部を抜粋して紹介したい。（漢字や仮名遣いは原文通り）

「あの3月11日、東日本大震災で私達の暮らす福島が一変してしまいました。私達は原発のせいで放射のうという目に見えない、体の負担になるものから逃げてきました。その時に私達を支えてくださったのがみなさんでした。私達は放射のうのせいで当たり前のことができなくなりました。でも篠山に来て、いろいろ体験することができました。川遊びや野菜を思いっきり食べれたことです。福島の野菜は〝あぶない〟と言われ、他の地域の野菜を選んで買ったりしていたので、思いっきり野菜などを食べることができ、とてもうれしかったです♪　その場で獲った野菜はとても新鮮でとてもおいしかったのを今でも覚えています。みなさんに支えられて3度目の篠山です。毎回とても楽しみで♪

わくわく♪してまっています。これからも福島のことをずっと応援していて下さい！　私達はこれからも福島で元気にがんばります」

彼女がこの手紙をみんなの前で読み上げた時、保護者のみなさんの目にもスタッフの目にも涙……。「子どもたちは、自分たちが被ばくしたことを理解しているんだな。ステイを続けていこう！」この手紙は継続の原動力の一つになっている。

「笑顔つながるささやまステイ」へ

２０１４年夏が最後となった『ささやま里ぐらしステイ』。ボランティアとして関わっていたみんなで話し合った結果、実行委員会を組織し、『笑顔つながるささやまステイ』を開催していくことになった。資金ゼロからのスタート。最低限必要な金額を試算し、「ひょっとしたら赤字になるかも……」という不安はあったが、「多少自己負担してでもやりたい！」と実行委員の熱い想いで前へ。その想いは多くの方に伝わり、たくさんの寄付をいただくことにつながった。参加者の方々にも少し多めにご負担いただき、無事に２０１５夏のステイを開催。そして毎夏、ステイを続けている。

ステイ期間中は、あれこれイベントを企画することはしない。安心安全なものを食べ、子どもたちは野山を駆けまわり、川で遊ぶ。室内では絵を描いたり、折り紙をしたり、宿題をする子どももいる。当たり前の日常を共に過ごすことを大切にしている。

ここ数年、ステイに参加する子どもたちの多くは、震災後に生まれた子どもたち。それでもステイをはじめとする保養が必要とされているのは、放射性物質による被ばくの危険が常に身近にあるから。除染によって集められた汚染土は福島県大熊町と双葉町にある中間貯蔵施設に運ばれる。しかし福島県によると、２０２１年６月末時点で３０６ヶ所の仮置き場に保管され未だ搬出されていないもの、さらには公園や家の庭に埋められたまま、軒先に置かれたままなど４３２４ヶ所で現場保管されているものもある。森や林は除染されず、放射線量の高いエリアやスポットもある。そのため、子どもたちは「触っちゃダメ」「そっち行っちゃダメ」と自然に触れる機会を今も奪われている。東日本大震災から10年たつが、福島第一原発事故は現在進行形の災害。遠い産地の食材を取り寄せ、洗濯物は乾燥機と室内干し、少しでも被ばくを減らす暮らしを続けている人々がいる。

いつやってもスイカ割りは楽しい

笑顔つながるささやまステイでは、参加いただいた保護者のみなさんとスタッフ・ボランティア有志ＬＩＮＥグループ『ささやまステイしゃべり場』を作っている。毎日のように連絡するわけではないが、大きな地震や大雨の時などに連絡したり、たまに近況を報告したりしている。このつながりが功を奏したのが２０１９年に福島県を含めて広範囲で大きな被害の出た令和元年東日本台風

（台風19号）。混乱した現地より、遠く離れた丹波篠山の方が情報をつかみやすく、多くの情報をＬＩＮＥでみなさんに届け、スタッフやボランティア有志で断水したお宅へ飲料水を支援することもできた。やはり普段からつながっておくことは大切。

また、福島に行くことがあれば、これまで参加してくれたみなさんとご飯を食べたり、飲みに行ったりする時間を作っている。いや、作っているというより、お互い楽しみになっている。そしてたまには、お家に泊めていただくことも……。

このように普段からゆる〜くつながっていることは、何かあった時のためだけでなく、「遠く離れた丹波篠山には、震災と原発事故から10年たった今も、私たちのことを想ってくれている人たちがいる」と、ある種の支えになっているように思う。ただ、「ステイはあくまできっかけ」。支援する側・される側といった関係ではなく、日頃から共に喜んだり、時には心配したり、会えば一緒にご飯を食べる友達。「必要としている友達がいるからステイをやる」そんな関係でありたい。

団体名	笑顔つながるささやまステイ実行委員会　(2015年設立)
初めて開催したのは	2015年夏　(通算5回開催)
開催時期・期間	年1回夏休み　4泊5日
開催場所	兵庫県丹波篠山市
対象	放射能の影響を受けている子どもとその保護者
受け入れ人数	5家族20人程度
スタッフの人数	約30人（コアスタッフ10人、ボランティアスタッフ約20人）
大事にしていること	豊かな自然の中で思いっきり遊び、何気ない日常を過ごすことを大切にしています。また、保護者がゆっくり過ごす時間を設け、メンタルケアにも取り組んでいます。
団体URL等	HP　http://sasayama.info/ Facebook　https://www.facebook.com/egao.sasayama/

ここに来て、こころもからだもゆっくり休ませてほしい

――食べもの、手仕事、自然と歴史……奈良で縁を結ぶ

話し手　保養の旅えんむすび代表　成田夏樹
聞き手　宇野田陽子（編集委員）

――「保養の旅えんむすび」の保養プログラムが始まったのは2016年ですね。成田さんが保養と関わり始めたきっかけや、新しく立ち上げようと考えた経緯などを教えてください。

成田：東日本大震災のあと、私は当時の住まいから近い奈良県南部や三重県で開催されていた保養を手伝いに行くという形で保養に携わっていたのですが、奈良市内に転居したのを契機に、奈良市でも新しく保養の団体を立ち上げようと考えました。

震災当時、私は1歳の長男を育てていました。千葉県と福島県から避難してこられた子育て中のお母さんとの出会いがあり、保養を始めたいと話してみると、2人も「手伝うよ」と快諾してくれたので、3人

で団体をつくることにしました。
原発事故は起きてしまったけれど、これからできることを考えよう、体の健康も心の健康も、どちらも大切な両輪と考えるようなキャンプにしよう、と話し合いました。私自身、長男出産後に体調を崩したのがきっかけで薬膳を勉強し、食べものが『くすり』になると確信していました。
こうした食べものについての考え方を取り入れると同時に、心もリラックスしてもらえるように、観光、ヨガ、ストレッチなど、良いものはどんどん取り入れることにしました。

――奈良市内での人とのつながりもまだ少ない中、準備が大変だったのではないでしょうか。

成田：3人で相談してキャンプの理念や概要が形になったところで、奈良市内で30年以上にわたって脱原発ネットワークの活動をしてきた堀田美恵子さんに会いに行きました。自分たちが考えていることを話すと、堀田さんはすぐに賛同してくださり、地域の様々なネットワークの方たちに呼びかけてくれたので、次々に人が集まりました。

――古都である奈良ならではの協力も得ておられますね。

成田：奈良の大仏で有名な東大寺さんは、いつも力を貸してくださいます。車が停めやすいように配慮してくださったり、とても感謝しています。東大寺を拝観し、そのあとは、自由散策を楽しみます。
奈良は観光資源が豊富ですから、「奈良で観光を楽しんでリフレッシュする」と位置付けることで気軽に参加してもらえたらと考えています。

東大寺大仏殿の前で

――キャンプの中では、食事をとても重視されています。

成田：食事は、キャンプの中でも一番大切にしているものの一つです。宿泊施設を選ぶ際、30人以上が一度に泊まれて、のびのび過ごせるということに加えて、なによりもしっかりと自炊ができることを重視しました。

料理は、動物性たんぱく質を摂らず、野菜を中心としたマクロビオティックの考え方で調理した食事を提供しています。放射性物質の検査のみならず無農薬・有機栽培の食材を使っています。調味料や洗剤などもすべて自然にできるだけ負荷をかけないものを選んでいます。

丁寧に育てられた野菜はとても味が濃くておいしいので、夕食が野菜のバーベキューだったときも、子どもたちは喜んでたくさん食べてくれました。

地元の有機農法の生産者さんをはじめ、多くの方たちから食材の提供もいただいています。

料理中のボランティア

――参加した子どもたちの姿からどんなことを感じておられますか？

成田：感心するのは、子どもたちがすぐに打ち解けて仲良くなることです。えんむすびでは、ボランティアさんが子どもを連れてくることを歓迎しています。大人のボランティアが20名ほどいますが、その人たちが子どもを連れてくるとたぶん50人くらいになると思います。ボランティアの子どもと、東日本からの参加者の子どもが、あっというまに仲良くなってしまうんです。

退職前に学校の先生だったボランティアさんも何人かおられ、子どもへの対応がとても上手なのも助かります。なかなかなじめない子も毎年1～2人いますが、こうした子たちへの関わり方も、その方たちは抜群にうまいです。

子どもたちは仲良くなって、川遊び、草木染体験、みつろうキャンドルづくりとキャンドルナイト、屋外での映画上映などさまざまなプログラムで思いっきり遊びます。プログラムの合間にも、豊かな自然の中で虫を採ったり生き物を観察したりして過ごせます。

――「手仕事」ということも重視しておられますね。

成田：私自身が彫刻を仕事にしているので、アートで参加者の方たちを支えたいという気持ちがあります。いきなり「アートで！」というよりは間口を広げて、「手仕事」を通して心をほぐしてほしいと考えています。キャンドルづくりは毎年恒例ですし、サクランボの種など野菜や果物の種をたくさん集めて材料としてアクセサリーづくりなどもやりました。

――今後はどのように活動していかれますか？

成田：２０２０年の夏は、ぎりぎりまで開催する予定で準備を進めていましたが、８月になって急に新型コロナウイルス感染者が増えたため直前に中止せざるを得なくなりました。感染の状況にもよりますが、今後もキャンプを開催する予定です。

こうした活動は、長く続けていくことがとても大変ですよね。幸い、えんむすびはしっかりしたボランティアの方々がたくさんおられます。ですから私の仕事は、保養キャンプという『場』を作り続けることだと思っています。なるべく長くこの活動を続けていきたいです。

団体名	保養の旅えんむすび　(2016年設立)
初めて開催したのは	2016年　(通算4回開催)
開催時期・期間	毎年夏休み　4泊5日
開催場所	奈良県奈良市(奈良市青少年野外活動センター)
対象	関東より北に住む家族　大人の単身OK
受け入れ人数	5組20人
スタッフの人数	約25人(コアスタッフ5人、ボランティアスタッフ約20人)
大事にしていること	自然豊かな奈良で外遊びや、ものづくりを通して、参加者のみなさんの心と身体をリフレッシュできるような保養キャンプを目指しています。食事はオーガニック素材を使った穀物菜食料理です。
団体URL等	Blog　http://enmusubi2016.blog.fc2.com

第4章

保養の形は一つじゃない

障害のある人もない人も「ゆっくりすっぺ」
――未来の扉を開く歩み

ゆっくりすっぺin関西　田岡ひろみ

障害のある子どもの保養プロジェクト

「ゆっくりすっぺin関西」は、2014年、福島県に住む障害のある子どもの保養プロジェクトとして発足しました。もともと個人で「大阪でひとやすみ！　プロジェクト」という保養の活動をしていた宇野田陽子と、福島の被災障害者への具体的支援の方法について模索していた大阪府箕面《みのお》市の豊能《とよの》障害者労働センター*が出会ったことがきっかけでした。

一般の保養に参加することが難しい「障害のある子ども」とその家族に心身ともに関西でゆっくりしてもらうために、可能な限り本人・家族の要望に沿いながら、無理のないスケジュールでプログラムを組み

やっぱり夏はプール！

ました。そして「ゆっくりしよう」の福島弁を使い「ゆっくりすっぺ.in関西」と名付けました。他の保養プロジェクトに比べて受け入れ人数は少なく、多くて３家族までとし、期間も金・土・日の３日間という短期間での実施です。

「生きづらさ」を抱えた障害のある人とその家族にとっての保養の意義

障害のある子どもとその家族の保養プロジェクトを続けてくる中で、顕著に見えてきたことは、関西に比べて東北の方が「障害者が地域で暮らす」ことについて、まだまだ開かれていない面があるという現実です。「ゆっくりすっぺ.in関西」に参加することになって初めて電車や飛行機などの公共交通機関

＊　障害のある人もない人も共に働き、事業を通じて給料を作り出し最低賃金を保障している。障害のある人が、地域で様々な人と関わりながらあたり前の市民として生きることを目指す。

を利用した、という人が非常に多いことに私たちは驚きました。

私たちが、保養の意義をあらためて実感することになったできごとがあります。

2016年春、重度の知的障害のあるHさん（当時中学1年）と姉のYさん（当時中学2年）がご両親と一緒に参加されました。Yさんが中学校3年になった時、当時の事を振り返って書いた作文が「少年の主張 福島県大会優良賞」に選ばれました。以下、その抜粋です。

「よく、弟を連れ家族で外出している時に、言葉を発することのできない弟は生まれたばかりの赤ちゃんのような声を発することがあります。すると当然周りの人達は不思議がってこちらを見ます。この瞬間が、私にとってとても恐ろしくてたまらなかったのです。（中略）だから、私は弟が普通の人だったらよかったのに。そうだったら、周りから白い目で見られることはないのに。何故、私ばかりこんな目にあわなければいけないのかと本気で思っていました。

でも、そんな弟へのコンプレックスを乗り越えようと思うきっかけをつくったのは、家族全員で、春休みに二泊三日で大阪に行ったときのことでした。

そこに行ってまず驚いたことは、弟のように普通の職場で働くのが困難な障がい者が大勢働いている作業場があるということです。その作業場を作った人自身も体が不自由で、自由に言葉を発することもできない人でした。そこで働く人達は普通の人も障がいを持つ人もみんなで助け合っていい雰囲気をつくっていました。（中略）そして最も驚いたのは、弟のような重度の障がい者でも、理解してくれる人がいるということです。それは作業場で働くスタッフの方達といっしょに万博公園へ行ったときのことです。そこでお昼にしようとシートを敷いていた時、弟が興奮し、声をあげてさわいでしまいました。どうせまた白い目でこっちを見ている人がいるだろうなと思い周りを見てみると、周りの人々は全然気にならない様子で、お花見を楽しんでいたのです。どうして気にならないのだろうと思い聞いてみると、作業場のスタッフの方はこう言ったのです。『楽しいのは誰でもいっしょだよ』

そう言われてハッとしました。弟は意味もなく声を発しているわけではないのだと……。楽しくてつい声が出るのは誰でもそうなのだと……。当然作業場のスタッフの方達はそんな弟の様子を少しも嫌がらず、いっしょにお弁当を食べたり、桜を見たりして互いに楽しんでいました。私は、弟のような障がい者でも白い目で見ず、理解しようとする人達もいることを知りました」

私たちは、この文章を読んだ時に本当に感動し、心から嬉しく思うと同時に、障害のある子どもの保養プロジェクトが持つ大切な意味を教えてもらった気がしました。重度障害者のことを温かく見守るという図式ではなく、障害のある本人の声をまわりが受けとめ、いっしょに過ごしてやりとりをする中でお互いに気づいていくという営みが大切なのだと思います。

まず知ること、そして離れて暮らす私たちにできることを考えるために

私たちの保養プロジェクトに参加いただける人数は、非常に少なく、できることは限られています。けれども福島の方々と短期間であっても共に過ごし、生の声を聞くことでメディアでは決して語られない現実を知ることができます。そして、そのことを一人でも多くの方に知ってもらうための試みを私たちは重ねてきました。

農場で動物にえさやり

まず、保養プロジェクト3日間のうちのいずれかの日に「お話会」を実施。一般の市民の方々にも参加してもらい、福島の方々と一緒に、ざっくばらんに意見交換をするというものです。福島の方にとっては普段は心の奥に閉じ込めていた気持ちを話すことで少し解放される場であり、あらためて自分自身がしんどいと思っていることに気づいたという方もおられます。また関西で暮らす私たちにとっても、テレビなどで伝えられる「復興」の陰でしんどい思いをしている人がまだまだおられること、何も変わらない差別の構造があることを実感できる場となっています。

このような問題をさらに広く伝えるために豊能障害者労働センターの機関紙（年に7～8回全国に約1万部発行）で、その活動報告をすると共に、福島県で障害のある人と活動する方や、保養・被災障害者支援の活動をされている方等の寄稿もお願いし、発信をしてきました。さらに豊能障害者労働センターが製造元を担うカレンダーを、全国約60か所で構成する障害者市民事業ネットワークで販売し、全体売上げの３％を「ゆっくりすっぺin関西」の費用にあてるという取り組みを続けています。

また、保養以外の取り組みとして２つのイベントを実施しました。ひとつは、福島県・浪江町から二本松市へ避難した福祉作業所「コーヒータイム」から障害当事者の方と運営スタッフの方を大阪にお招きして実施した講演会です。長引く避難生活で避難所を転々とし、薬の確保や身の回りの相談に困ったという統合失調症の方の体験談や、作業所移転で通所できなくなった人、社会から切り離され入院した人のお話などを具体的にお聞きし、今後の被災障害者支援のあり方を問い直す貴重な機会となりました。

もうひとつは、箕面市で開催したチャリティーコンサートです。ヴァイオリン、ヴィオラ、チェロ、ピアノの四重奏で２００名を超える集客が実現し、支援金30万円が集まりました。

そしてこれから

原発事故により福島県の子どもたちは、一定期間、外遊びができなくなる等、様々な制約に縛られることとなりましたが、障害のある人々は震災以前から日常生活の中で移動や行動の自由を奪われ、「健常者」と共に学ぶこと、働くことから排除されてきました。

震災と原発事故によりその「生きづらさ」はさらに顕著に表れ、「お話会」の中でも、家族の方は、障害のある子どもを育てる困難さ、将来の不安等を必ず語られます。

前述のＹさんのように保養プロジェクトに参加し、これまでと異なる環境に身を置くことで、今まであきらめていたことができる、重度の障害があっても堂々と楽しく生きられるという発見が得られることは、非常に大きな意味があると考えます。

原発事故による放射能汚染は「生きづらさ」を浮き彫りにしたものであり、今この「生きづらさ」から見えてくる様々な問題を考えることが、ますます重要になってきています。

「ゆっくりすっぺin関西」は今後「被災障害者保養支援事業」として、被災した障害のある人との交流に重きを置いて活動していこうと考えています。障害のある人の「生きづらさ」を考えることは決してマイナーな問題ではなく、すべての人の「生きづらさ」の壁を一つひとつ取り除いていく歩みだと私たちは確信しています。

団体名	ゆっくりすっぺin関西　(2013年設立)
初めて開催したのは	2014年春　(通算8回開催)
開催時期・期間	年2回（春休みと夏休み）　2泊3日
開催場所	大阪府箕面市など
対象	障害のある子どもとその家族、支援者
受け入れ人数	1～2家族
スタッフの人数	約15人（コアスタッフ6人、ボランティアスタッフ約10人）
大事にしていること	少人数で短期間のキャンプにすることで、障害の種類や重さを問わず、ニーズがある人を丁寧に受け入れていく。

京都ＹＷＣＡの東日本大震災被災者支援

ＹＷＣＡは女性主体で「子ども」や「多文化共生」等の活動に取り組むＮＧＯです。２０１１年からほぼ毎年、保養プログラムを実施してきました。２０１５年春から「京都で進学を考えよう！」プログラムを開始し、被災地の中高生を対象に京都市内の大学の見学なども行っています。この間かかわってきた４名のスタッフが、それぞれの思いを記しました。

世代を超えた仲間とともに

弘中奈都子

２０２０年３月の春休みに中高生を対象に保養のプログラムを実施する準備を進めていたものの、多くの他の団体の皆さんと同様に新型コロナの影響で中止せざるを得ませんでした。

それで、過去に私たちの保養プログラム（キャンプとホームステイを組み合わせた）に参加してくれた当時小・中・高校生だった子どもたちや保護者、スタッフとして関わった人々に呼びかけ、２０２０年９月

日韓ユース交流プログラム（伏見稲荷）2018.08.18

にオンラインでの同窓会を開きました。画面越しではあったものの、何度も参加してくれた高校生になった姉妹とその友人の成長した姿に感慨深いものがありました。

さかのぼって、2011年3月11日の翌日、私たちの団体では緊急に話し合いを持ちました。「大変な事態が発生した。とりあえず京都からできることは何か」と始めたことはいくつかあります。そのことに携わりながら今も、私の心の中は、ずっと複雑で重苦しいものがあります。

さらにさかのぼり1986年、京都から8000㎞離れたチェルノブイリで原発事故が起こりました。「放射能が世界中に散らばってしまった。国境も何も関係ない」と当時1歳の子どもがいる自分は、恐怖・不安を覚え一種のパニックであった。それだけに、2011年「ああ、原発事故が日本で起こってしまった」「原発＝核による発電なのだ」「そんなものを持っていていいのか」の声が届いていなかったことを悔いる気持ちがありました。時間はかかりましたが、自分のできることは何かと考え直し、世代を超えた仲間と活動し現在に至ります。

２０１３年には、原発事故で企画が中断していた「日韓ユース交流プログラム」を行いました。韓国のローカルＹＷＣＡの一つである水原（スウォン）ＹＷＣＡのユースと京都のユースの交流の中に、お互いの国の原発事情を調べて発表するという内容も入れました。その後、変遷があったものの、２０１９年夏に韓国を訪問し、福島・京都のユースが共に参加して交流するプログラムも実施しました。今後も自分の思いを伝えていき、共有し受け止めた人が引き継いでくれたらと心から願っております。

次世代へつないでいきたい体験　篠田　茜

２０１１年から10年、京都ＹＷＣＡの東日本大震災被災者支援を振り返るために当時の記録を読むと、思いと支援の熱量の大きさを感じます。

東京電力福島第一原発事故による放射能汚染で、多くの人が避難し、でも避難先も安全でない場合があったこと。敢えて踏みとどまった人たちや避難先でいわれのない差別に苦しんだ人たち。京都ＹＷＣＡはなんとかこの苦しみや不安に寄り添いたいと、事故直後から支援プロジェクトを立ち上げました。学校の休み期間を利用した子どもたちや親子の保養プログラムでは、参加者も大学生のボランティアもリピーターが多く、毎年の再会が楽しみでした。年に数回、あるいは１回でも会うことで、緩やかな輪ができていくことは、そこに関わっている誰にとってもぬくもりになっていたと思います。

京都に避難してこられた人たちから直接聴く話は、専門家による放射能の学習会と同様に、ときにはそれ以上に、放射能汚染の恐ろしさを肌に感じさせるものでした。また日本ＹＷＣＡの被災者支援委員会

「ｃｏｍ７３００」*にも加わる機会があり、福島県新地町の仮設住宅の方々の話に耳を傾けたり、学習支援に行ったり、また福島に住むことを選んだ福島ＹＷＣＡのメンバーとの出会いや、フィリピン人母子支援など、様々な直接出会う体験がありました。

しかし震災からわずか2年ほどで、「多くの人々が震災を忘れていくことを危惧している」というｃｏｍ７３００のメンバーの言葉にあるように、社会の関心が徐々に薄れ、支援のための寄付や助成金が得にくくなっていたように思います。

多くの人との出会いがあったにもかかわらず、わたしも今はFacebookやたまのメールや手紙でのつながりになっている人がほとんどになってしまいました。それでも苦しさに近づきたいと思い、近づくことを許してくれた人たちとの出会いは記憶から消えることはないと信じています。この体験が次の世代の人たちにも受け継がれていくことを願っています。

＊　２０１１年3月11日以降に生まれた被災地の子どもたちが20才になるまで共に寄り添い、見守り、支援を続けるという願いを込めて、「ｃｏｍ」（ラテン語で「共に」）、「７３００」20年の日にち換算で７３００日から、「ｃｏｍ７３００（コム ナナサンマルマル）」委員会とした。

福島の人々との出会い　　木戸さやか

２０１１年夏から２０１９年春まで、京都ＹＷＣＡ主催の保養プログラムのメンバーとして関わってきました。原発事故のニュースを聞いたとき、これは大変なことが起きてしまった。放射能から子どもたちを守るために何かしないと！　という思いで、会員はじめ、職員みんなが協力しあって2011年夏に福島の子どもたちのための保養プログラムが始まりました。

私はそのときどきで自分ができる役目を担ってきました。例えばホームステイ受け入れや、ウェルカムパーティー準備、京都観光の付き添い、新幹線での送迎などなどです。また保養以外のプログラムもこの９年間で取り組んできました。福島から京都に避難されてきた方のお話し会、福島で保養プログラム運営をされている方を招いての会、原発事故を題材にした映画の上映会などです。

そしてもう一つ、確か６、７年前になりますが初めて福島を訪問したことが私にはとても大きな出会いになったと思います。保養プログラムに参加してくれた親子さん宅に泊めさせてもらい、福島市内を案内してもらいました。春には美しい桜が咲きみだれる信夫《しのぶ》山に行きました。そしてそこから見えたフレコンバッグの群れは今でもはっきり覚えています。原発事故以前の私にとって福島はとくに縁もなかったのですが、保養プログラムを通して出会った福島の子どもたちとその保護者との交流が与えられ、またいつか訪れたいという思いでいます。そして保養に参加してくれた子どもたちも京都ＹＷＣＡの人たちとの出会いが大きな思い出と刺激になっていることもうれしく思っています。

今後わたしたちが継続して保養プログラムを担えるかはわからない状態ですが、本来なら国が責任をもってやるべき保養であることを再確認し、全国にある保養団体の方たちの働きが良き種まきとなっていることを信じて祈ります。

京都で進学を考えよう！

松田千治

震災直後から継続してきた福島の保養プログラムは、２０１５年春から「京都で進学を考えよう！」というプログラムに発展しました。保養プログラムの期間は短いため、大学進学先を京都にすると長期の保養ができるのではないか、と呼びかけたのです。小学生対象のキャンプなどは多いのですが、中高生を対象にしたプログラムは少なく、進学に関心のある親御さんからは喜ばれました。

京都大学見学　2015.04.04

２０１９年春は、福島県だけでなく近隣県の中高生の参加申し込みもありました。この年は京都ＹＷＣＡの寮に住んでいる留学生、放課後に日本語の勉強に来ている多文化ルーツの子どもたちも、プログラムに参加しました。

京都のお土産で有名な「おたべ」を作る体験や、京都大学の現役大学生に京大図書館を案内してもらい、京大の敷地内にある秘密基地のような「吉田寮」にも立ち入ることができました。ギシギシする廊下、足の踏み場がないような雑然とした部屋、庭に出ると鶏があちこちで飛び交っていました。寮を出ると「なんか、すごかったなぁ～」と興奮した声があがりました。

自由時間に、中学生のＡ君は「木刀買いたいけど、お店ある？」と聞いてきました。「会津城で木刀を買ったので、京都でも買えたらいいなと思って」と。Ａ君は目指す大学が大阪にあるのでこのプログラムに参加。震災直後の小学生の時はイタリアからの招きで保養に行った経験があり、留学生のイタリア人と電車の中で楽しく話をしていました。初日夜のウェルカムパーティーの時は多文化ルーツの子どもと追いかけっこをして、すぐに打ち解けるＡ君でした。春先の京都は至る所で桜が咲き始め、観光地は人にぶつからずには歩けません。福島近隣から来た中高生達は人混みに圧倒されながら、ぎゅうぎゅうづめのバスを無事降りることができました。

その後もＡ君は保養プログラムをきっかけに、２０１９年夏の「日韓ユース交流プログラム」にも積極的に参加してくれました。関西の大学生になったら、またＡ君の元気な顔を見る日もくるかなと期待しています。

団体名	公益財団法人 京都ＹＷＣＡ　(1923年設立)
初めて開催したのは	2011年夏　(通算13回開催)
開催時期・期間	原則、年1～2回（春・夏休み）　3泊4日程度
開催場所	京都府京都市など
対象	小学生およびその保護者・中学生・高校生など
受け入れ人数	2011～14年は10～20人、2015～19年は2～8人
スタッフの人数	約12人（コアスタッフ7人、ボランティアスタッフ5人）
大事にしていること	「核」否定の思想に立つ。 子どもや女性の人権が守られる社会を目指す。 中高生を対象としたプログラムも行う。
団体URL等	HP　http://kyoto.ywca.or.jp/ Facebook　https://www.facebook.com/kyotoywca/ Twitter　https://twitter.com/KYOTOYWCA

福島の児童養護施設の子どもたちと丹後の人びと・若者をつなぐ

始まりとこれから

ふくしま・こどもキャンプ　丹後の海代表　立垣為良

2011年の年も押し迫った頃、知り合いのYさんから久しぶりの電話があり、福島の子どもたちを対象にした保養キャンプが、来年は事情があって続けられないとの事だった。

勿論、一人で決められる事でもないので後日連絡する旨を伝え電話を切った。

保養キャンプの対象は福島県いわき市の児童養護施設いわき育英舎の子どもたち、期間は夏休みの一週間程度、放射能被ばくからの避難と心配のない食事、ストレスの無い夏休みを提供するキャンプへの招待である説明があった。

そうして2012年から始まった丹後での児童養護施設いわき育英舎の子どもたちとの保養キャンプは、2019年まで続ける事が出来た。もちろん、子どもたちを招待する主体は過疎地で暮らす年寄りであり、克服すべき課題は山積しており、今後の展望は見通せない現実がある。が、次の時代を生きる子どもたちの未来にこの保養キャンプが少しでも役に立つのであれば今後も続けていきたい。

［編集者解説］

「丹後《たんご》の海《かい》」による「ふくしま・こどもキャンプ」は、北近畿屈指の景勝地である天橋立がある京都府の丹後半島で行われています。参加しているのは、福島県いわき市にある児童養護施設の子どもたちです。２０１１年には別団体がキャンプを実施し、「丹後の海」がそれを引き継ぎました。準備の初期に施設職員と打ち合わせをする、キャンプ期間中に施設長や職員の震災・原発事故の話を聞く機会を作るなど、いわき育英舎と協働するスタイルを続けてきました。

地元で蕎麦屋「まる丹」を経営しながら活動を続けてきた立垣代表には、親元を離れて暮らす福島の子どもたちにも保養を、という強い想いがあります。その想いに共感する丹後の人たちが、まさに地域を挙げて協力し、このキャンプが運営されています。名所経ヶ岬灯台近くにある元保育所を活用した施設を宿舎とし、美しい日本海で子どもたちが泳ぎ、地元の人から豊かな食材が提供され、地域ぐるみの歓迎の催しが毎年行われてきました。丹後の児童養護施設の子どもたち、京都の子ども食堂との交流なども行われています。中でも、地元の高校生が直接福島の子どもたちと触れ合い、東日本大震災や原発事故という出来事に深く出会う姿は、主催する大人の心を強く打っています。

（小野　洋）

若い人たちとふくしま・こどもキャンプ

ボランティア担当スタッフ　深田和幸

海あそび

鮮明に覚えている場面がある。

僕が関わった初めてのふくしま・こどもキャンプ。

会場を丹後に移しての開催だった。

初めて出会う子どもたち、天橋立駅に先生方と一緒に改札口を出てきた。

偶然その日に誕生日を迎えた子がいた。

まだとても小さい子どもから高校生までやってきた。

1週間農家民宿を営む一軒の家（編集者注…2013年に使われた宿舎）を借り切っての生活。

翌日か翌々日だったか、近くの海に泳ぎに行った。

津波や原発事故で泳ぐ環境にない子どもたち。

初めての海、こわごわ近づくがなかなか入らない。

先生がいて、僕らがいて、高校生ボランティアがいた。

高校生の女の子がその小さな子の手を取って、少しずつ少しずつ海に入っていく。

こわごわ波を感じ、顔はこわばっているが、少しずつ緊張がゆるんでにっこりする。

浜辺で砂山を作ったり、波と追っかけっこしたりして距離感が徐々に狭まっていく。

丹後の海での海水浴

決して焦らない高校生。初めてだから相手を見ながらゆっくり向き合っているように見える。もう海から上がろうかという頃、高校生に手を持ってもらってばちゃばちゃバタ足をする女の子の姿があった。あるいは僕らであっても同じような道筋でその小さな女の子を笑顔にできたかもしれない。でもあれこれ「配慮」したり「計算」もしたりしながら距離をとる僕らとは違う。高校生に「ボランティアの心得」を説明したりはするし高校生なりに従ってくれるのだが、どう言っても高校生は若い。福島からやって来た子どもたちとの距離は圧倒的に近い（と高齢の僕は思っている）。

高校生たち　若い人たち

高校生だけでなく大学生や若い一般のボランティアも参加してくれる。

最初どう近づいていいか緊張気味の表情が一緒の時間を過ごすことで徐々にほぐれてくる。そうして若い人たちにとっても大切な時間となる。楽しいのだ。

毎回感想を書いてもらっているのだが、こんなことを書いた人もいる。

「先日は2日間お世話になり本当にありがとうございました。

とても貴重な体験ができよかったです。

このボランティアは誘われてから参加することを決めたので自分の意思で絶対参加しよう！　などという事はなかったのですがいざ行くととてもいいボランティアができたなと思うので来年は自分から必ず参加します！

最初、峰山駅から宇川ハウス（編集者注…2014年から毎年使っているキャンプの宿舎）まで送っていただいた時は緊張して仲良くなれるかうまく話せるかなど本当に不安だったけど、みんなと遊んだり話したりいろんなことをしているうちにすごい楽しくて距離も縮まり2日目は帰るのがとても寂しくてみんなとお別れするのもすごい悲しくてまだいたいという気持ちでいっぱいでした。

一緒に参加したボランティアの人たちとも福島のこどもたちとも来年も絶対来ようね！！！　と約束したので今から来年がとてもたのしみです。

福島の原発や地震の事はずっとニュースでやっていたし、かなり大きい出来事だったので今でも記憶に残っています。でも、福島に知り合いはいないしどんなのかもわからないし原発や地震は他人事だと思ってました。

しかし、1日目2日目と2人もの方の体験談を聞かせていただき日常の生活で急に起こることだと知り自分のところにもいずれ起こるかもしれないと思ったので本当にためになる話でした。

高校生ボランティアと

本当にこのような体験ができよかったです。ありがとうございました！

来年も行くつもりなのでその時はまたよろしくお願いします。


（Ｋ・Ｍ）」


毎年地元の高校にボランティア担当の先生を通して依頼する。

掲示板に貼りだしてもらい参加者を募るのだ。その貼り紙を見た友だちに誘われて参加したのがＫ・Ｍさん。同世代の福島の高校生とも話し、小さい子たちともたくさん遊び「今の福島」の話も聞いたＫ・Ｍさん。

キャンプ１週間のスケジュールの中に、毎回１コマを使って原発事故が起きたその当時の話、その後の生活の話、除染の様子等々、現実の重さを実感させられる話をしてもらう。原発事故のみならず、東日本大震災から年々記憶が薄れていく僕ら大人も含め貴重な時間となっている。

「きっかけ」と「フクシマと出会う」

その高校生たちは、1校を除いて「ボランティア活動報告書」なるものをキャンプの中でボランティア担当になっている僕に手渡す。参加した高校生の活動の評価を書きこむ用紙。かなり前からボランティア活動を形式的とはいえ評価の対象とするシステムが導入されるようになっているのだ。ボランティアをやれば、成績や進学、就職の際に加点され有利になるということには疑問を感じる。実際、高校生ボランティアなしで、僕らだけでやれないこともないだろう。

だが、その流れの中にいる高校生たちが自力でこのキャンプにたどり着くことはまずない。また、感想文にあったような福島の子どもたちとの間に生まれた親密な交流はどうなっていくのだろうと、どうしても考えてしまう。きっかけはともかく、たった1日であっても双方に動き出すものがある。数日間となればなおさらだ。

またこうも思う。この「きっかけ」が無かったら、「フクシマ」（福島の原発事故が引き起こしたすべての出来事）や東日本大震災とも出会わなかったかもしれないと思うのだ。

僕らがそうであるように高校生もいろんな人たちがいる。

私は思うように話せないし、と交流の時涙ぐんだ人、友だちと一緒に手品っぽい出し物をしてくれた人、別の高校から一人で参加し続けてくれた人。この人たちも3年間通って子どもたちとも仲良くなった。

半日だけの参加だったが、こんなだったらもっと参加すればよかったと感想を書いてくれた高校生もいる。このふくしま・こどもキャンプが東日本大震災やフクシマに出会うきっかけになってくれていればなお嬉しい。

ふくしま・こどもキャンプの中心部分を担っているのは僕らだ。

しかしここ数年スタッフの高齢化が話題になり、若い人たちにバトンを渡し、思いをつなげていきたいと口々に出てくるようになってきた。

スタッフの非力な分、ほんとにたくさんの方々にお世話になっている。支えてもらっている。

この１年コロナが席巻し何もできなかった。でもまた違う形でやれたらと思う。

もう少しもう少しと続けられたらと思う。

福島の子どもたちと若いボランティアにまた会いたいと思う。

団体名	ふくしま・こどもキャンプ　丹後の海（たんごのかい） （旧ふくしまキッズサポーターズみやづミツバチプロジェクトキャンプ実行委員会　2012年設立）
初めて開催したのは	2012年夏　（通算8回開催）
開催時期・期間	年1回（夏休み）約1週間
開催場所	京都府宮津市・京丹後市など海の近く
対象	児童養護施設いわき育英舎の子どもたちと付き添いの職員
受け入れ人数	約6～10人
スタッフの人数	約30人（コアスタッフ10人、ボランティアスタッフ約20人。 遊びやイベントの内容により40人位の時もあります）
大事にしていること	子どもたちが爺ちゃん婆ちゃんの家へ夏休み遊びにやって来るように、様々な大人たちや子どもたち、高校生たちと一緒に楽しめるキャンプ。

幼稚園留学

ミンナソラノシタ代表　林　リエ

ミンナソラノシタの歩み

２０１１年３月11日、東日本大震災が発災。その後、東京電力福島第一原子力発電所にてチェルノブイリ原発事故に匹敵するレベル７の事故が起こりました。

当時、放射能について知識がある人、事前に情報を得ていた人たちは、避難するなど被曝を最小限に抑えるための行動をとりました。諸外国の多くは自国民に対して避難を勧告し、帰国のため飛行機を手配するなどしました。しかし日本政府は記者会見で、「ただちに人体に影響はありません」という答弁を繰り返していました。

当時の私は、事実をくわしく知ることもないまま「大変なことが起こっている」と思いながらもどこか他人事でした。

２０１２年７月、我が子が通っていたＭ幼稚園が、原発事故後様々な面で苦労されている福島の幼稚園の先生方を京都に招く「おいないプロジェクト」を企画し６名、翌年も６名の先生方を迎えました。プロジェクトに参加した私は、まず福島の実態を知ることから始め、驚きの連続でした。私が大切にしたいと願う子育て環境が、原発事故等が起きると全て失われることを知ったからです。

その後、このプロジェクトは目的を達成し解散しましたが、私は福島の抱える問題解決には持続的な応援が必要だと感じ、ママ友に呼びかけ「１００年先もみんな空の下で幸せに暮らしてほしい」という願いを込めて、２０１３年７月、「京都発♡ママ達による福島こども応援プロジェクト・ミンナソラノシタ（以下「ミナソラ」と呼称）」を設立しました。

２０１４年、福島の子どもたちは外遊び後、頻繁に手洗いをしなければならず、「手洗い石鹸が不足している」と聞いたので、大手量販店のレシートキャンペーン活動に参加して得られた資金を活用し、以来ハンドソープを継続して贈っています。

２０１５年、園庭での遊びが制限されている園児のために、郡山市私立幼稚園協会を通じて室内砂場遊び用のオーストラリア産「ホワイトサンド」８トンを寄贈しました。

２０１６年、イラストレーター黒田征太郎氏提供の素敵なイラストを使ったミナソラオリジナル「こども防災スケッチブック」１０００冊を贈りました。

京都のおともだち、はじめまして！

「幼稚園留学」とは

福島では除染も進み平穏な暮らしが戻りつつあります。しかし、10年を経過した今も、「原子力緊急事態宣言」は発令中です。あの日からずっと、日々の生活や子どもたちの将来に対し、不安の中で生活しているご家庭もあります。

私たちは福島の幼稚園児とその家族を京都に3週間招待し、京都の幼稚園に通園する「幼稚園留学」を実施しています。これはベラルーシ共和国が、チェルノブイリ原発事故後国策として行っている子どもたちの保養（非汚染地域に21日間以上滞在することによって、心身ともにリフレッシュできるという取り組み）をヒントに実施しています。

２０１６年まではM幼稚園の「幼稚園留学」をサポートしてきましたが、２０１７年以降は、福島県私立幼稚園・認定こども園連合会の協力を得、福島県一円から「幼稚園留学」希望者を募って頂いています。希望者全員を受け入れられればいいのですが、京都での受け入れ幼稚園の事情、スタッフの確保、資金的な制約等で、２０１７年〜２０１９年まで（２０２０・２０２１年度の2年間は、新型コロナウイルス感染症拡大の為中止）、毎年４家族を３週間京都に招待してきました。

京都の幼稚園では、登園初日から初めて会った先生や友達とお芋ほりや遠足等、京都の園児と一緒に過ごします。

Ａちゃんは、福島の父親に「晴れた日に、お外でお弁当を食べたことにびっくりした」と手紙を書きました。Ｂちゃんは、京都で一番うれしかったことは「お外で奇麗な葉っぱやドングリを拾ったり、砂場でお山を作ったり、泥んこ遊びをしてもお母さんに怒られなかった」と話してくれました。「京都で、生まれて初めて裸足で地面を歩いた」と、話してくれたＣちゃん。

京都の幼稚園児Ｄちゃんはニュース等で福島のことが流れると「あっ○○ちゃん住んでいるところだよね？」と母親に話しかけるそうです。小さな時から交流を持つ大切さを感じます。

福島のお母さんは、「幼稚園で遊んで毎日クタクタになって帰ってくる娘の靴の中に砂が入っているのがとてもうれしい。京都で福島のことを思ってくださる人たちがいることを知り、心のお守りをもらえた」と語られました。京都のお母さんは、「日々の生活が当たり前ではないことを福島のお母さんから学びました」と話してくれました。

「幼稚園留学」を支える個人・団体・企業

「幼稚園留学」が継続して実施できている理由の一つは、「福島県と京都府の幼稚園連盟の協力を得て行えている取り組み」だということです。

受け入れ幼稚園は、制服、授業料、給食費、学用品等通園に関わる費用すべてを担い、幼稚園の保護者の皆さんも、受け入れ期間中様々な面でサポートをして下さいます。

もう一つの理由は、ミナソラの「幼稚園留学」の趣旨に賛同していただいた多くの個人、団体、企業からも物心両面にわたる支援を受けていることです。

例えば、京都のM寺院は系列の幼稚園が「幼稚園留学」にご協力頂き、福島の母親たちを座禅体験等にご招待頂き、イベント等では寺院を開放してくださっています。

近畿一円で営業されている大手ドラッグストアとミナソラは包括協定を結び、「幼稚園留学」に多額の寄付を頂きました。また、N寺院、英国の石鹸メーカーからもご寄付を頂いています。

K金融機関は「幼稚園留学」のための資金集めを目的に開催したチャリティーコンサートを、運営、観客動員等で支えてくださいました。

ミナソラに「防災」についての出前授業を依頼された京都市立K中学校では、オリジナルタオルを企画販売し、売上金をご寄付いただきました。

「幼稚園留学」に参加した家族への支援としては、無農薬栽培の野菜等を提供してくださる農家の方や生活協同組合（2団体）から、安心・安全な食材や調味料等の提供を受けています。

ミナソラのメンバーは、避難してきた母親2名を含め、ほとんどが小さな子どもを抱えた母親が中心です。子どもを幼稚園に送り出してから子どもが帰宅するまでの時間や、仕事の公休を利用して活動しています。現場は、常に壁の連続ですが、継続は力です。メンバーで話し合いながら、ひとつひとつ課題を解

みてみて！　すすきをみつけたよ

決しながら前に向かって歩み続けています。

「幼稚園留学」に参加した母親の中には、周りに「保養」に行くとは言い出せず、抽選で「幼稚園留学」が当たったといって参加した方もいました。しかし「幼稚園留学」に参加して、水たまりに手を付けて遊ぶ娘を笑って見ていられる。洗濯物を躊躇《ちゅうちょ》なく外に天日干しできる。こうした当たり前さに気づき、子どものために行動しているだけで悪いことをしているのではない、「保養」が当たり前に語れるようになってほしいと、期間中に開催した「講演会」で話される福島のお母さんの報告に、じっと聞き入る参加者の姿がありました。福島はまだまだ課題があると実感させられました。

子どもたちのための「幼稚園留学」は、母親たちにとってもリフレッシュできる貴重な3週間となっているようです。「束の間ではありますが、福島で抱える葛藤を忘れて過ごすことができた」と語ってくださった言葉が印象に残っています。

2020年、「幼稚園留学」に参加したお母さんたちが中心となり、「ミナソラ福島支部」が設立されました。「幼稚園留学」はいつまで続けるのですか？　とよく聞かれます。運営上、多くの課題を抱えていますが、福島で子育てをする母親のニーズがある限り継続していきたいと思います。

新たな展開

２０２０年、立命館大学国際平和ミュージアムで開催された、放射性物質の生態系への汚染の深刻さを可視化した企画展「放射線像」を見学し、改めて放射線による生態系への被害の深刻さを考えさせられました。福島の現状を自分事として考え続ける為にも、「幼稚園留学」を継続しつつ、２０２１年3月から、放射線量が低い福島県周辺に「ミナソラの家」を建設し運営することを新たな目標に掲げることにしました。「幼稚園留学」と「ミナソラの家建設」の目標達成には、ミナソラ正会員の会費、オリジナルグッズの収益・講演料・クラウドファンディング・ハチドリ電力等*、皆様からの寄付金を基に、今後も活動を続けていきます。

震災から10年目にあたる２０２１年3月「スマイルボタン3・11プロジェクト」を始動しました。この取り組みは、毎年3月に開催予定です。詳細は、ミンナソラノシタＨＰをご覧ください。

１００年先の子どもたちの笑顔を、私たちの選択と行動で守っていきたいです。これからもミナソラの活動を見守り、福島を応援していただけると嬉しいです。

最後に、これまでミナソラの活動を支え力を貸してくださった個人・団体・企業の方々に、心から感謝申し上げます。

＊ 社会課題の解決に取り組む株式会社ボーダレス・ジャパンが、実質自然エネルギー１００％の電気を供給することで、CO_2増加による地球温暖化を解決するために始めた電力サービス事業です。電気代の1％は、再生可能エネルギーを増やす資金へ、1％は契約者が選んだ社会貢献活動に取り組む団体への支援金として寄付されます。ハチドリ電力利用者・団体は、この支援先に「ミンナソラノシタ」を選ぶことができます。

団体名	ミンナソラノシタ　（2013年設立）
初めて開催したのは	2017年　（通算3回開催）
開催時期・期間	秋（10月中旬から11月初旬）、3週間
開催場所	京都府向日市、京都市西京区など
対象	福島県私立幼稚園・認定こども園連合会加盟の幼稚園に通う園児とその家族
受け入れ人数	4家族
スタッフの人数	ボランティア30人（うちコアスタッフ10人）
大事にしていること	福島と京都の母子・住民が交流を通じて知り・考え・行動する一助となりたい。福島の親子には心身共にリフレッシュしていただけるように努め、その後の交流も大切にしている。
団体URL等	HP　https://minasora.org/ Facebook　http://www.facebook.com/minasora.kyoto/ Instagram　minasora_kyoto Twitter　minasora2020

公益財団法人　神戸ＹＷＣＡ

福島の人たちの「もうひとつの家」

神戸ＹＷＣＡの被災者支援プロジェクトの担当職員として　西本玲子

阪神・淡路大震災、東日本大震災での支援

私は、神戸ＹＷＣＡの被災者支援プロジェクトの担当職員として、２０１１年4月から神戸ＹＷＣＡの仲間に入りました。神戸ＹＷＣＡは、かつて阪神・淡路大震災が起きた時、被災地のただ中にありました。しかし当時、上筒井通に建っていた神戸ＹＷＣＡ会館の建物はほぼ無事であったことから、地域の人々の避難所となり、翌日からは救援センターとして多くの市民ボランティアの方々の活動する場となりました。当時の理事たちは、東北の未曽有の災害を目の当たりにした時に「神戸がしないで誰がする」と、一人の職員を雇うという決断に至ったと聞いています。

２０１１年8月には、神戸ＹＭＣＡ（ＹＷＣＡとは別組織）と協働して保養キャンプを実施。２０１２年3月には、たこ焼きキャンプの小野さんやメンバーの皆さんと協働して、移住を考える家族のために、

兵庫の住宅事情や支援ＮＰＯ訪問、避難者との交流などを盛り込んだ「ひょうごちょっとのぞいてみようツアー」を実施しました。以後このツアーは、引き続き、たこ焼きキャンプの皆さんの協力をいただきながら、親は親で自由に、こどもはこどもで楽しく過ごすプログラムとして、２０１３年3月、２０１４年3月と継続することができました。

その一方で神戸ＹＷＣＡは、全国の地域ＹＷＣＡの集合体であり事務局機能も担う日本ＹＷＣＡと協働して、２０１１年から「セカンドハウス・プログラム」を実施してきました。

セカンドハウス・プログラム

「セカンドハウス・プログラム」とは、放射能被災下にある福島のこどもたち、ご家族、単身の女性に対して、全国地域ＹＷＣＡの会員や関係者の方から、今使っていない部屋、住宅を一時的にお借りし、無料で提供するものです。その住宅までの交通費と滞在中の水道光熱費は、日本ＹＷＣＡが支援します。滞在期間は3泊4日以上。貸し出す家には最低限の家財がそろっていることも条件です。

利用者は、交通費の一部と滞在中の食費、諸経費を負担し、あとは身ひとつでセカンドハウスまで来てくれればいいわけです。また利用者が見知らぬ土地にきて困らないように、セカンドハウスに滞在している間は、その地域ＹＷＣＡが利用者の要望に応えてお世話をします。

２０１１年当初は、沖縄から北海道まで全部で20か所ほどのセカンドハウスがあり、こどもたちの長期休暇に限定して申し込みを受けていました。しかしその後２０１３年からは、その都度申し込みをしなければならない保護者の負担を軽減しようと、３地域（横浜、名古屋、神戸近郊）に各1戸ずつ、一年中いつでも利用できる「あなたのもうひとつの家」として運用を始めました。２０２０年度現在まで継続して

家路につく利用者家族

いる西明石のセカンドハウスは、その２０１１年当時からご協力をいただいているものです。神戸近郊では２０２０年度までに西明石など長期短期含めて３か所のセカンドハウスがあり、利用してくださった方々は総勢88家族２８３人となります。（２０２０年度はコロナ禍のためキャンセルが重なり、参加は１家族２人のみでした。）

神戸ＹＷＣＡでは、家族を迎えるだけでなく、定期的にこちらからも福島を訪問して、参加者の方々とのリユニオン（再会プログラム）も行ってきました。福島で、懐かしい人たちと久しぶりに会って話をした時に知ったことは、「福島の一人ひとりは「生活者」であるということでした。日々の生活の中で、見えない放射能に気を付け続けなければならないことが、どれほど苦しく、難しいことかと、今も思わされています。

神戸ＹＷＣＡは２０２１年度からは、「被災者支援プロジェクト」から「支援」の名前をとり、神戸と福島をつなぐ共生のつながりとして「神福《こうふく》のはしごプロジェクト」として、これからも活動を継続していきます。

西明石セカンドハウスの「大家」として　川辺比呂子

「大家」を始めてはや10年になります。福島原発事故の1年前に父が亡くなり、家が空き家になっていたので、セカンドハウス・プログラムにその家を使っていただくことにしました。

２０１１年初年度は、中学生と小学生のご兄妹とお母さんが夏休みの1ヶ月を過ごされましたが、それ以後は募集がシステム化され応募者も増え、一滞在の期間は短くなりました。この間（都合で休んだ1年とコロナ禍でほぼ空白の２０２０年を除いて実質8年間）、延べ72家族、２５０人余りの方に私の家をご利用いただいていました。

セカンドハウス・プログラムの目的は、放射能から離れて、放射能を気にせず、ご家族で普通の暮らしをしていただくことです。利用ご家族の多くが近辺の観光を楽しまれます。一番人気はＵＳＪですが、淡路島、姫路城なども人気です。一方、近所の海、近くの公園、自転車に乗ること、道をただ走ることが楽しかったという子どもたちもありました。迎える大家・神戸ＹＷＣＡメンバーとのお付き合いは、駅でのお迎え後、家で少しおしゃべり、できるだけ一度はもちたい歓迎夕食会、そして出発の朝のお見送りというのが、普通のパターンです。

震災後間もない時、お母さんから近所の方と放射能の話はしにくい、話ができるかどうかは洗濯物を家の中に干しているか、外に干しているかで判断していると聞き、被災地の人間関係の複雑さを教えられました。もう少し時間が経ってからは、学校で給食を食べさせるか、お弁当を持たせるか、グラウンドで遊ばせるか、プールに入らせるかなど、一つ一つの対応に苦労されていました。また、近所の人に、中にはお姑さんにも保養に出かけることを言えずに来ておられるという話も多々ありました。

書いちゃってノート

2012年正月に来られた4人のご家族は震災当日の話を聞かせてくださいました。ご両親はそれぞれ小学校・高校の教員、中学生のお兄ちゃんは当日が卒業式でいつもより早く帰宅し、一人家にいました。家族4人がバラバラで被災し、教員として孤立した小学校におられたお母さんを除く3人が避難所で合流できたのは夜だったそうです。お母さんの小学校でのご苦労も含めて、ご家族が当日の話を一緒にしたのはセカンドハウスに来たこの時が初めてだなぁと言い合っておられたのに、びっくりしました。振り返る間もなく無我夢中で来られた9ヶ月余りだったこととお察ししました。

消防士のお父さんからは、胸が苦しくなるような話もありました。原発事故が起きていることが公表されていない時、地域の人たちにただ事でないことを伝えられないかと、仲間と一緒に昼休み時間、マスクをし、物々しい制服を着て地域を自転車で走り回られたということです。

震災後、子どもたちは全国、世界からプログラムに招かれました。小6のRくんも、香港やイタリアのプログラムに参加したそうです。団体とはいえ、小さな子が親から離れて長期間辛くはなかったかと心配しますが、本人はいたってクールで頼もしい限り。イタリアのプログラムはアリタリア航空社員の企画でした。ステイ先のお母さんは観光ガイドで働くワーキングママ。留守の間は家の子たちと同じようにお小遣いをもらって、おじいさんにお世話になったそうです。イタリアの、世界の人たちの温かい気持ちが嬉しく、感謝しました。

それまでは遠い存在の福島でしたが、家を提供することで、たくさんの福島の方々に出会えました。関西で地震があったら心配してすぐにメールをくださる方がおります。甲状腺検査結果で一時心配したＭくんが大丈夫だったと聞き、皆でホッとしたり、親戚ができたようです。リピーターで来てくださり、大きくなった子どもたちに再会できるのは何よりの喜びです。これからも子どもたちの元気な成長を願っています。そして、二度とこんなことが起きることのないよう、原発をなくすまで、できることをしていきたいと改めて思います。

＊　神戸ＹＷＣＡの会員活動は、会員と職員の協働作業となっています。

団体名	公益財団法人　神戸YWCA　(1920年設立) 上記団体内「神戸YWCA被災者支援プロジェクト」は2011年発足。日本YWCAと協働して毎年実施している。なお、2021年度から福島の方々と共にいきる関係でありたいとの願いを込めて、名称を「神福のはしごプロジェクト」に変更。
初めて開催したのは	2011年　(以後、10年間毎年実施)
開催時期・期間	通年
開催場所	当初神戸近郊3か所で開催。2013年からは西明石(2019年のみ尼崎市)で実施。2021年からは神戸市東灘区で実施予定
対象	福島近隣の放射能被災下に生活する家族、女性単身者
受け入れ人数	のべ283人(2011～20年)
スタッフの人数	神戸YWCA会員・大家さん・近隣のお掃除隊など10～12人、職員1人、日本YWCA職員1人
大事にしていること	自分のもう一つの家にいるようにリラックスして過ごしていただくこと。そのための準備とご利用期間の見守り、また安心いただくためできる限り一度はご一緒に食事をしています。
団体URL等	HP　https://www.kobe.ywca.or.jp/top/

保養と自然体験――福島出身の私が和歌山で考えたこと

福島⇅田辺サマーキャンプ代表　菅野明彦

はじめに

いただいたテーマは、当会の保養の紹介、特に「自然体験」を中心にということですが、予めお断りしておきたいことがあります。以下の文責はあくまでも私個人にあり、当会のメンバーの総意に基づくものではないということです。メンバーそれぞれに保養に対する思い入れがあり主張するところも異なるため、与えられた紙幅内でまとめきる事は出来ませんでした。今回はあくまでも代表を務める私個人の意見として受け取っていただきたいと思います。それは私自身の立場の特殊性による問題でもあります。私は現在、和歌山県田辺市に居住していますが、実家は福島県です。震災時は実家をすでに離れていましたが、家族や親類、友人知人の多くが福島にいるために、原発事故は初めから他人事ではありませんでした。保養希

田辺の子どもたちとの交流

望者を受け入れる側であると同時に、保養に参加する子どもたちや保護者の思いも人並み以上には理解できるのではないかと思っています。そのため、私個人が体験したこと感じたことを中心に語ることになることをお許しいただきたいと思います。

保養キャンプの立ち上げ

私が保養という活動を知り、実際に関わるようになったのは２０１３年のことです。あるご縁から『ゴー！ゴー！ワクワクキャンプ』（以下『ゴーワク』）さんと繋がり、その夏のキャンプ地でのワークショップを依頼されました。対象が、福島県の某高校の美術部の生徒さんということもあり、竹紙（竹の繊維を素材とした紙）制作を生業にしている私に白羽の矢が立ったのだと思われます。男性指導教師の引率の元、やって来た数名の女子部員を相手のワークショップは大へん楽しく有意義なものでした。この経験以来、自分が故郷のために出来ることを見つけた気がして、翌年から二度三度とお邪魔することになります。2015年は、小・中学生を対象に竹細工のワークショップを行いました。

その後、ゴーワクさん以外にもいくつかの保養団体を訪ねてお話を伺うということがあり、またチェルノブイリ原発事故後のウクライナ、ベラルーシの取り組みを知ることによってますます『保養』というものへの関心が高まって来た頃のこと、当地田辺市で『フクシマ発』という一人芝居が上演されました。原発事故後5年以上経っても解決の目処のたっていない福島の現状を臨場感たっぷりに伝える公演でした。私も実行委員の一人だったのですが、反響が予想以上に大きく、多くの方に観ていただくことができました。興行収入にも余剰が出たので、反省会でそれを何か有意義なものに使えないものかという話になった時に保養の話が持ち上がりました。実行委員がそのまま主要メンバーへとスライドする形で結成され、活動拠点は上演会場でもあったカトリック紀伊田辺教会のログハウス、名称は『福島↕田辺サマーキャンプ』と決まりました。発足は2016年春、その夏を第1回目として、以来、人数や期間はその年々でまちまちですが、これまでに都合4回ほど催行しました。

当キャンプでの自然体験

紀南地方は気候温暖で風光明媚な土地柄です。宿泊所となっているログハウスは田辺湾に面し、扇ヶ浜海水浴場まで歩いて5分もかかりません。田辺市より南方に位置する白浜町の白良浜海水浴場が有名ですが、立地条件や設備などにおいて決して引けを取らないだけに、知名度の低い分だけ（治安の観点からも）

天神崎にて

我々にとってはかえって好都合と言えます。そして浜の反対方向を向いてもう少し足を延ばせば天神崎という、日本におけるナショナルトラスト運動の先駆けとなった海岸があります。ここで私たちは海洋生物の観察をしたり、タイミングが良ければウユニ塩湖風の写真撮影を楽しむことができます。それから近所には知る人ぞ知る博物学の巨人南方熊楠翁の顕彰館があります。その後継者とでもいうべき先生たちがたくさん居られて、市立の自然観察センターでも、先述の天神崎でもご丁寧な解説付きでお世話になっています。自然体験という観点からだけでもこれだけ恵まれている環境で、それがこのログハウスを保養の拠点とした所以でもあります。

それだけではありません。バス等をチャーターして山間部に移動すれば、約1時間で龍神村という名前からしていかにも水声山色を彷彿とさせる土地に行けます。ここではもっぱら川遊び（カヌー体験は定番です）、それから木工工作や草木染めの体験などのワークショップが待っている。プロの調理人の方も含めてモノづくりに携わる人口比の高いこの地の作家さんたちには毎回大変お世話になっています。さらに移動して中辺路町を目指せば、ここは有名な『熊野古道』の中心地です。保養のプログラムとして未だ本格的な古道歩きまではできていませんが、手作り料理をいただきながら歓迎コンサートを催してもらったり、由緒ある山越えの高原王子まで登って温泉をいただいた時には、いにしえの雰囲気を少しは味わえたかもしれません。

ここで番外編として（あるいは問題提起のきっかけとしても）、付け加えておきたい場所があります。白浜町にあるアドベンチャーワールドです。さまざまな地名、人名、施設名を書き連ねてきた中でも、実は最も人口に膾炙《かいしゃ》した観光地だと思います。ここをスケジュールに組み込むべきかどうかが、スタッフ間でも毎回議論になるところです。チケット代が嵩《かさ》むので予算の上から足踏みするのはもちろんのことですが、それよりもパンダちゃんに会いに行くことが本当に必要な経験なのか？（今回のテーマに沿って言えば、動物園に行くことは『自然体験』と言えるのか？）ということが議論の中心です。過去4回のうち2回ほど実施しました。行くことのできた回の子どもたちはもちろん大満足。さすがに他のどんなプログラムよりも楽しそうです。私も付き添いで参加しましたが、おかげさまで当地に移住して20年目にして初めて入場しました。（尤も私自身は動物園という存在自体に疑問を持っているので個人的には複雑な気持ちになりました。）それでも私は単純に、子どもが純粋に喜んでいる姿を見るのが嬉しい、ゆえにアドベンチャーワールドをスケジュールに入れること自体には反対しないという、比較的ゆるい立場です。けれどもメンバーの中には強い疑問を持つ人たちがいます。その理由を聞いてみると、どうやら子どもにはもっと別の（有意義な）何かを体験してもらいたいということに由来しているらしいのです。具体的にそれが何か？ということはひとまず置いておいて、この意見に関しては、私も同感するところがあります。

本当の自然体験とは

第1回目の保養の際、参加者を決めるのに私の出身地である福島市（人口約28万人）や所縁のある郡山市（人口約32万人）、須賀川市（人口7万人強）を中心に募集したということもあって、結果的に参加者ほとんどが都市部の子どもたちということになりました。一方、田辺市は人口約7万弱、中でも先述した龍神村や中辺路町は今や限界集落に相当する地域です。面積においては須賀川市の3倍以上ある田辺市の方が、人口においては少ない。つまり都市部の子どもたちが田舎へ疎開するというような構図になりました。見たことのない昆虫や小動物に驚く、その大きさに驚く、生々しさに驚く、怖い、気持ち悪い、襲われたりしたらどうしようなどなど、そういう様子を見て、私はいわゆる「都会育ちの子」がリアルな自然体験をするいい機会だなあと思っていました。動物園のような『人工的に造られた自然』『安全安心、危険度ゼロの自然』とは全く違うわけです。ただしムカデやマムシに咬まれたり（蚊に刺されてさえ）、そういう実害が起こった場合は、今度はこちらが責任を問われます。また自然素材（木、竹、土、布、ｅｔｃ…）を使ったワークショップを行う場合も、刃物や機械、熱湯や薬品を使うので安全管理には十分配慮する必要があります。先述したゴーワクさんへの寄稿文でも、私はこんなことを書いています。「それにしても子供（特に男の子）というのは武器を作ることを好みます。刀や槍、弓矢、まあ水デッポウだって鉄砲というからには武器に違いはありません。私は必ずしも本意ではありませんでしたが、子供の自発的な発想と要望を尊重したいと思い、可能な限り叶えてやることにしました。ところがどうしても刃先や矢の先をチヨンチョンに削ろうとする（ペーパーナイフでさえ用途を超えてスパスパに削り込もうとするのです）。それを説得し、危険のない程度のモノにするのが一苦労でした。（中略）子供に請われるままに『武器』を作って置いてきたことを、私は今でも苦々しく反省しています。自分が帰ってから、何かトラブルが発生しなかったろうか？わんぱく小僧いっぱいいたもんなあ……やっぱり武器はやめときゃよかったかなあ？、と」。今でも、あの時、自分が関わっておいて後でじくじく悔いていた無責任な仕事ぶりが、恥ずかしい思い出として彷彿としてきます。

子どもたちに本物の『自然』を体験してもらいたいということと、子どもを受け入れる側としての安全対策、そのバランスを検討してゆくことが、今後保養を継続していく上での大きな課題だと思っています。

団体名	福島⇄田辺サマーキャンプ　(2016年設立)
初めて開催したのは	2016年夏　(通算4回開催)
開催時期・期間	原則年1回（夏休み3回、春休み1回）
開催場所	和歌山県田辺市
対象	小学生～高校生、家族
受け入れ人数	1～2家族から15人程度の団体まで
スタッフの人数	約15人（コアスタッフ6人、ボランティアスタッフ約10人）
大事にしていること	短期間の滞在にはなりますが、気候と自然に恵まれた紀南の地で、楽しく安全に充実した日々を過ごしていただきたいです。

自然のなかで共に過ごす
――遊び、考え、学びながら心身をリフレッシュ

よつば関西保養キャンプ実行委員長　辻田浩司
よつば関西保養キャンプ実行委員　中原恵一

私たち「よつば関西保養キャンプ」は、東日本大震災による福島第一原発事故が起きた翌年、２０１２年の夏からはじまった「能勢《のせ》農場保養林間学校」を前身として、毎年夏に保養の活動を実施してきました。20～30名の東北の子どもたちを1週間、大阪府の最北に位置する自然豊かな能勢町に招いています。

実行委員会メンバーは、大阪を中心に関西各地域で安心できる食品・生活雑貨を会員の皆さんに宅配し、食にまつわる様々な課題に取り組んでいる関西よつ葉連絡会（以下、よつ葉）各職場のスタッフです。定期的に集まって、キャンプ実施に向けて準備を進めています。そしてキャンプの拠点は、よつ葉自前の農場・能勢農場。牛飼いをするためだけではなく、スタッフが共同生活をする事で人として本来の在り方を

テント立て

考え、社会を見つめ直す場としてつくられたこの農場の教育的活動のひとつに、30年以上続く「夏の林間学校」があります。初対面の小学1年生から6年生の子どもたち5、6人と、中学生以上のリーダー1人で4つの班になり、それぞれの自主性を大切にしながら、能勢の里山に囲まれて約1週間を共に過ごし学んでいく。この経験が能勢農場保養林間学校にも活かされました。

そして復興支援、反原発の意思表示として、よつ葉全体でこの取り組みの輪を広げるために能勢農場保養林間学校から「よつば関西保養キャンプ」として再スタート。教育的な視点は残しつつ、より保養に沿った考え方を大切にし、できる限りよつ葉で取り扱っている、安心できる食品を食べてもらい、自然のなかで楽しんでもらえるようなキャンプのスケジュールを考えています。

自然のなかでのびのびと楽しんで学んでいく

実行委員会のスタッフ数名で、保養相談会など何度か福島を訪れ、話を伺う機会がありました。様々を聞くなかで、子どもたちが外遊びをすることに対して、少なからず保護者の方が抵抗を感じていることがわかりました。もちろん見えないものですし、知らず知らずのうちに被ばくしているかもしれない。ごく普通の生活の中で、ストレスを感じてしまっている。そのような経験もあって、キャンプ期間中だけでも放射能の不安を感じることなく、のびのびとリフレッシュしてもらえるように、そして、新たな友人との出会い、自然とのふれあいができるように、という想いで取り組んでいます。

キャンプの1日は、朝6時に起きてラジオ体操をして、夜9時には就寝するという規則正しいスケジュール。そのなかで自炊、能勢農場での野菜収穫体験、農場に隣接する「こどもどうぶつえん」での動物とのふれあい・エサやり、川遊び、キャンプファイヤー、万博記念公園散策、ピザづくり、流しそうめんなど、さまざまなイベントを実施してきました。直近のキャンプでは、ボランティアスタッフの特技を活かして、本の読み聞かせ、竹細工づくり、楽器演奏、調理など、実行委員会メンバーだけではできないことを協力していただきました。

スケジュールが過密になりがちなので毎年、実行委員で頭を悩ませながら計画しているのですが、文集を見ていると子どもたちはそれなりに楽しんでいて、いい思い出になっているんだと感じています。川遊びは暑い夏にはなくてはならないもので、テンションは上がりっぱなし。でも川の水は冷たいので、終わりに近づくと紫色の唇がちらほら。スイカ割りもしました。キャンプファイヤーでは、木で組んだお手製のやぐらに火を灯し、班ごとに考えた遊びをみんなの前で発表し、実際に遊びます。しっぽとりは盛り上

野菜の収穫体験

がりますし、リンボーダンスでは2連覇した子どももいました。土に触れることがそうさせるのか、少しヤンチャな子どもが黙々と野菜の収穫にはげんでいたり、ピザづくりでは収穫した野菜を個性あふれるトッピングで楽しんだり……与えられたなかで子どもたちが楽しみながらも考え、学んでいく体験になっています。

キャンプ期間中に感じる子どもたちの成長

ＪＲ福島駅から京都駅までの新幹線移動、乗り継ぎで能勢農場まで。子どもたちにすればなかなかの長旅ですし、みんな気が張っています。東京駅で乗り換えもあり、同行する実行委員2、3名だけでは心許ないところ、上級生たちが自然と面倒をみてくれるので同行者としては非常に心強いです。そこから能勢農場にやっと着いた……というところでテント設営が待っています。班分けからはじめての共同作業。大半がテントを張った経験もなく、手探りで「どうしようか……」というところからはじまり、ここから自然と対話が生まれはじめます。そして共に晩ごはんを食べるウェルカムパーティー。移動、テント設営、食事、この初日の流れがまず、全員の団結が深まる一日であり、この後数日続くキャンプ生活のなかで、成長につながる一日であるように感じています。

キャンプ期間中の食事は、よつ葉自前の食品工場、つながりのある各地の生産者こだわりの品々。そして農場、西日本で収穫された野菜を使い、スタッフで調理しています。アレルギーには配慮しながら、好き嫌いもありますが、なるべく班で協力して食べ残しがないように。こうして1週間に満たない期間を朝、昼、晩と3食共にします。なかには嫌いだった野菜を食べられるようになった子どももいて、後日「野菜をしっかり食べてくれるようになりました！」と保護者からコメントをいただいたこともあります。自分で収穫した野菜を食べる日もあるので一番おいしい状態ですし、不安な添加物を使っていない食材にこだわっているので、みんなモリモリと食べてくれます。そこにこだわるが故、サンドイッチのパンにカビが生えてしまうハプニングはありましたが……。そういった食材のこだわりは私たちのキャンプの特徴のひとつです。

共に過ごすなかで、もちろんちょっとしたケンカもありますし、ホームシックのようになってしまう子どももだっている。私たちスタッフもいますが、そうしたときに側にいてくれるのは班のリーダーであり、メンバーです。フォローに入ることはあっても、基本子どもたちで対処するので、最後の見送りのときに去っていく背中はどことなく、ひとまわり大きくなっていて感慨深いものがあります。

さまざまな人に支えられてきたよつば関西保養キャンプのこれから

当初は、よつ葉とつながりのある方、団体の方たちを頼って、チラシの配布をお願いしていきましたが、なかなか参加者が集まりませんでした。そこで、福島との関係づくりに力を入れることを目的とし、現状を視察したり、保養現地説明会に参加したり、人とのつながりを広げていくことに力を注ぎました。そうした活動が実ったこともあって、教育委員会を通して現地の小学校にチラシを配布してもらえるまでになり、毎年募集人数を上回るほどになっています。

キャンプ期間中は、実行委員会のスタッフは日常業務を抱えているため全期間参加とはいかないなかで、能勢農場を含め、よつ葉の各部門のスタッフ、ボランティアの方々の協力なしには成しえません。そして、よつ葉の活動を通してつながっている会員の皆さん、全国の生産者、多くの方の賛同、協力に支えられてきました。

実はよつば関西保養キャンプは、2019年夏を最後に実施できていません。年々暑さが増してきている、いわゆる猛暑の影響が問題になっていました。私たちのキャンプは、主に自然のなかで実施しているため、真夏となると常にその問題がついてきます。そこで思い切って、2020年夏から2021年の春へと季節を変えて実施する予定で準備を進めていました。しかし今度は新型コロナウイルスの感染拡大で2021年も中止に。次は2022年の春（3月下旬から）の実施予定になります。毎年参加していた子どももいましたし、最後に実施したキャンプでは「次回はリーダーとして参加したい！」と意気込んでいた子どももいました。これだけ期間が空いてしまうとそういった「つながり」もなくなっていく心配があります。次回に向けてはそこもひとつの課題になっていくと思います。

　東日本大震災による福島第一原発事故が起きてから、表向きには復興は進んできたのかもしれませんが、原発の廃炉作業はまだまだ年月が必要ですし、それに伴った汚染水の処理、汚染された廃棄物はどうするのかなど問題は山積みです。目に見えない放射能に対する不安は取り除かれたわけではありません。１週間にも満たない限られた日数のなかではありますが、食べる、遊ぶ、寝る、自然のなかでのびのびと過ごすことが、少しでも子どもたちの保養につながるように。そして、つらい記憶ではありますが、震災と原発事故の記憶が風化されず、今後の教訓として生きていくように、私たちのキャンプの活動を通して保養という取り組みがあるということが、今よりもっと広がっていけば幸いです。

団体名	よつば関西保養キャンプ　(2012年設立)
初めて開催したのは	2012年　(通算8回開催)
開催時期・期間	年2回夏休み　5泊6日
開催場所	大阪府豊能郡能勢町
対象	小学校1～6年生
受け入れ人数	約25人
スタッフの人数	約30人(ボランティア含む)
大事にしていること	子どもたちの自主性を大切にし、自然に触れながら楽しんで学ぶことを大事にしている。
団体URL等	HP　https://www.yotuba.gr.jp/camp.html

おわりに　「分かち合い」という希望

小野　洋（編集委員）

２０１１年夏の終わり。私は、長期間の保養キャンプをやり遂げたという、かつて感じたことのないほどの達成感とともに、参加申し込みの多くを断わらざるをえなかった、という無念の思いも抱えていました。自分の団体の力では、大きな不安を抱える多数の親子のうち、わずか30数名しか受け入れることができないのだ、と。

その秋、関西で初めて行われた保養団体の交流会に参加し、自分と同様の思いを抱き必死で取り組んだ人たちに出会いました。同じような苦労話、感動話を聞いて思わず涙ぐみ、笑い、心を熱くしました。この交流会で生まれたつながりが、やがて「ほようかんさい」のネットワークになりました。

そして今も、活動上思い悩んでいることを分かち合い、どうしていったらいいか腹を割って話し合えるつながりとして続いています。３・11まで一度も会ったことがない人同士がほとんど。考え方も経験も様々な人たちが「保養をどうより良いものとして続けていくか」という一点で集い、それぞれの活動の流儀の違いを最大限認め合う「この指とまれ」方式で、ゆるやかに、しなやかにつながり合って協働してきました。団体同士の交流会に「これから保養を始めたいので、経験談を聞かせてほしい」という方がしばしば参加してきたのも、できるだけ保養の受け入れ人数を増やしたいと思っていた私にとっては嬉しいことでした。

本来なら、保養は日本でも国として制度化すべきであり、なんらかの公的援助があるべきと、どの団体の関係者も感じています。2012年に国会の全会一致で成立した『子ども被災者支援法』には、「健康上の不安を抱え、生活上の負担を強いられており、その支援の必要性が生じていること及び当該支援に関し特に子どもへの配慮が求められている」「子ども（胎児を含む。）が放射線による健康への影響を受けやすいことを踏まえ、その健康被害を未然に防止する観点から放射線量の低減及び健康管理に万全を期することを含め、子ども及び妊婦に対して特別の配慮がなされなければならない」と、うたわれています。この法律の成立を受け、福島県の子どもの自然体験への公的支援が一部行われましたが、東北・関東の放射能汚染された地域の子どもたちへの同様の施策はなく、全国で保養を受け入れた民間団体への国の直接の支援も一切ありませんでした。資金や人手の不足など大きな苦労が絶えない中、関西の保養団体は、情報交換や交流を通してお互い励まし合いながら、活動を続けてきました。

この本は、執筆を担ったそれぞれの団体の10年の記録であると同時に、「ほようかんさい」の協働の集大成でもあります。「はじめに」で触れた通り、出版を決意するまで多くの紆余曲折や迷いがありましたが、さらに新型コロナウイルス感染拡大の影響で実際に顔を合わせて話すことができないという困難もありました。メールで原稿をやりとりし、オンライン会議で意見を交わし……と、以前とは違う意思疎通の手段を取らざるをえませんでした。そうした中でもなんとか一冊の本にまとめることができたのは、交流会の後の二次会も含めて、「密」に語り合ってきた団体間のつながりが基礎にあったからだと思っています。

保養の今後の展望については、これまで同様、それぞれの団体がそれぞれ多様なやり方で模索していくと思います。読んでいただいたとおり、今後の新しい展開を目指す団体もある一方、すでに保養の活動を終えた団体や今後の活動の継続を思い悩む団体もあります。「保養のこれから」について私が言えることはほとんどありませんが、次のようなことは感じています。

私たちの活動のきっかけとなった原発事故という災害の影響は、長い期間にわたって続いていきます。原発事故直後の「緊急避難」的な保養のニーズは少なくなってきているとしても、被災地の人たちが抱えさせられた様々な困難はこれからも続いていきます。根底に廃炉の問題や汚染された土壌や水の問題があり、生まれ育った土地に戻れない人が多数いて、見えない放射能を気にしながらの生活が続くという問題もあります。そして、国や東電の不十分・不公平な補償によって引き起こされた社会の分断の問題も大きく残されています。子どもたちには被曝の健康への影響の懸念だけでなく、自然体験の不足や家庭環境の変化など被災の影響、原発事故被災者への偏見・差別などが、目には見えにくい形で残っていくかもしれません。

これからの長い被災の時間を「自分事」としてとらえ続けていくことができるか、そして、当事者とどう「共に在る」ことができるか……被災地の親子と10年間を共にしてきた私たちに問いかけられている気がします。また、同時に、新型コロナウイルス感染の広がりの中での経済格差拡大などのように、災害のたびに露わになる「社会のひずみ」に私たち自身がどう向き合っていくか、問われているようにも思えます。

原発事故に限らず、地球環境の悪化は進んでいる。ウイルス災害も頻発するようになるかもしれない。そんな中、貧困に苦しむ人たちがたくさんいて、他方で巨額のお金をもてあそぶ人たちがいる。そして人同士・国同士が富を奪い合う……。この状況には絶望を感じざるをえません。

でも、災害が起こるたびに立ち上がる人たちの存在が、心を明るくさせてくれます。また、被災地の人たちが懸命に前に進んでいる姿にも励まされます。唯一の希望は、苦しみを分かち合い、共に支え合おうとする人々の存在で、もうそれにしか期待できないのかもしれない。その「分かち合い」とは、裕福な人が困窮している人に分けてあげるというようなことではなく、苦しみを「自分事」として感じようとすることです。そしてその「分かち合い」こそが、地球環境の問題を解決する力にもつながるのかもしれない、とひそかに思います。

当事者の親子と過ごした保養の現場がにぎやかで優しい大家族だったように、困難な災害を目にして立ち上がった同志との出会いに心から励まされたように、私たちは「分かち合い」という希望を、この10年を通して少しだけ感じることができました。

「また会いたい」と言ってくれる子どもたち、そしてその親との出会い・つながりこそ、保養から生まれた一番の宝です。この宝を心の支えに、ほようかんさいのメンバーは「これから」を歩んで行くでしょう。

この本を完成させるにあたり、惜しまず協力してくれた多くの関西の仲間に感謝するとともに、出版を快く引き受けてくださった石風社に心よりお礼を申し上げます。

2021年8月　蝉時雨の朝に

資料

いろんなことをもっとよく知るために

ほようかんさい・保養開催地マップ
保養に関する統計・実態調査から
東京電力福島第一原発事故がもたらした被害
——繰り返さないために、知ってほしいこと
地震国・日本で次々に原発が建てられてから
廃炉の時代に至るまでのおもなできごと
日本の原発の稼働状況と地震の危険性
用語解説
書籍紹介
ほようかんさいについて

1	吹夢キャンプ	大阪府吹田市
2	ゴー！ゴー！ワクワクキャンプ	京都府京都市・南丹市
3	のびのびキャンプ〈モモの家〉	兵庫県宍粟市山崎町
4	心援隊	大阪府周辺
5	たこ焼きキャンプ	兵庫県明石市・佐用町・神戸市・姫路市
6	びわこ☆1・2・3キャンプ	滋賀県高島市・大津市
7	宝塚保養キャンプ	兵庫県宝塚市
8	どろんこキャラバン☆たんば	兵庫県丹波市
9	絆キャンプin京都	京都府京都市
10	東はりま　ゆるわくキャンプ	兵庫県加古川市を中心に東播磨地域
11	関西きんじょすくいの会	滋賀県大津市
12	たかつき保養キャンプ	大阪府高槻市
13	福島ハーメルン・プロジェクトジョイントチーム	兵庫県淡路市
14	おこしやすキャンプ	滋賀県大津市
15	笑顔つながるささやまステイ	兵庫県丹波篠山市
16	保養の旅えんむすび	奈良県奈良市
17	ゆっくりすっぺin関西	大阪府箕面市など
18	公益財団法人　京都YWCA	京都府京都市など
19	ふくしま・こどもキャンプ丹後の海	京都府宮津市・京丹後市
20	ミンナソラノシタ	京都府向日市・京都市
21	公益財団法人　神戸YWCA	兵庫県明石市・神戸市・尼崎市
22	福島⇄田辺サマーキャンプ	和歌山県田辺市
23	よつば関西保養キャンプ	大阪府豊能郡能勢町

ほようかんさい・保養開催地マップ

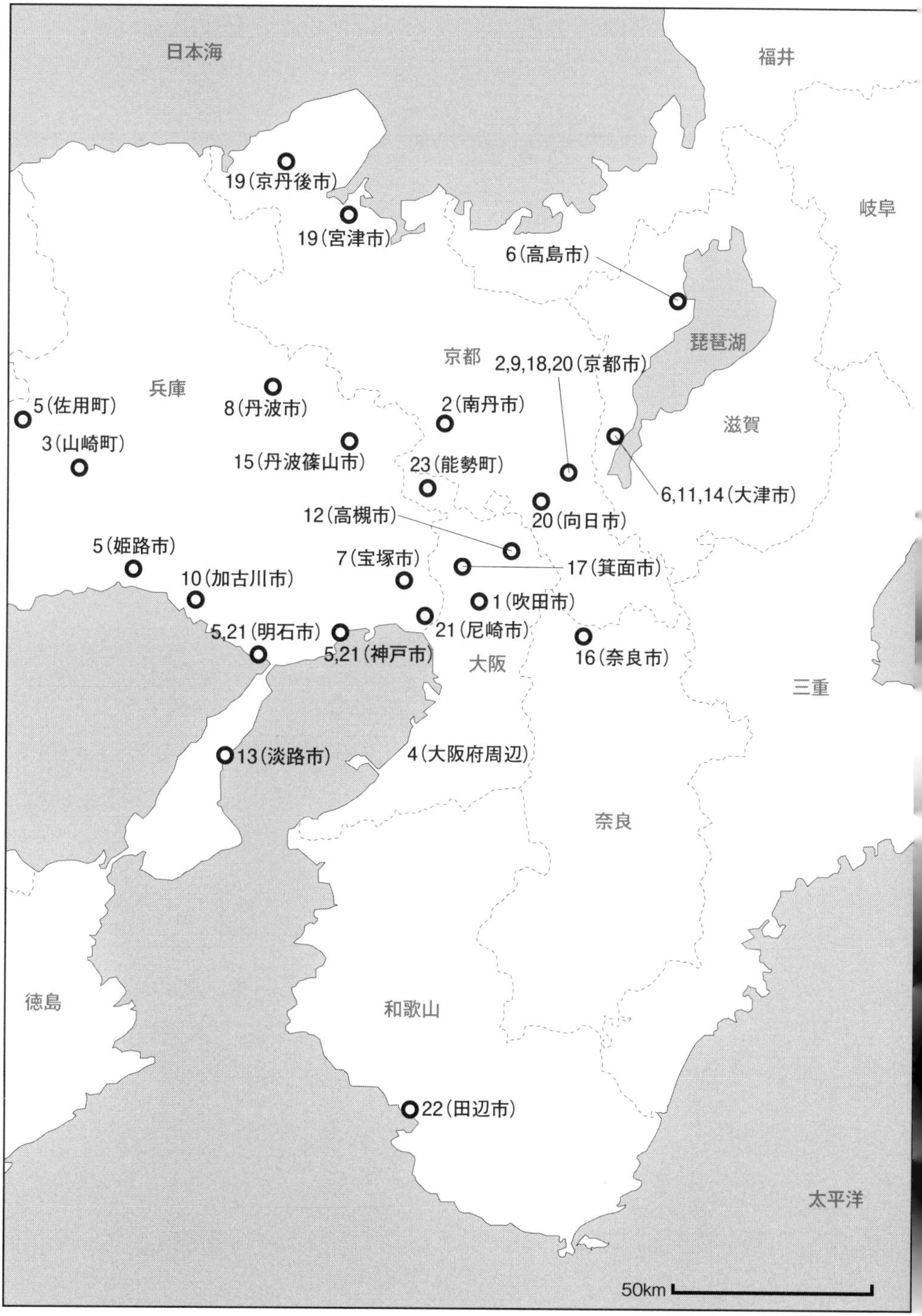
日本海
福井
19(京丹後市)
19(宮津市)
岐阜
6(高島市)
琵琶湖
京都
2,9,18,20(京都市)
兵庫
5(佐用町)
8(丹波市)
2(南丹市)
滋賀
3(山崎町)
15(丹波篠山市)
23(能勢町)
6,11,14(大津市)
12(高槻市)
20(向日市)
5(姫路市)
7(宝塚市)
17(箕面市)
10(加古川市)
1(吹田市)
21(尼崎市)
5,21(明石市)
16(奈良市)
5,21(神戸市)
大阪
三重
13(淡路市)
4(大阪府周辺)
奈良
徳島
和歌山
22(田辺市)
太平洋
50km

保養に関する統計・実態調査から

鈴木一正（編集委員）

私は、福島第一原子力発電所事故発生時は大学生でした。原発事故に関連して、神戸で避難者支援や保養プログラム（本編では「保養」や「保養キャンプ」と記載されている場合が多い）のボランティアを行っていました。活動していく中で「全国でどのくらいの保養プログラムが実施されているのだろうか」という疑問が生じました。調べてみましたが、全体像がわかる研究はほとんど見つかりませんでした。そこで、自分自身で調べてみようと思い調査を始め、現在でも続けています。

1　保養プログラムの全体像

ここでは、私が行っている保養プログラムの研究より、実施数や募集人数などの全体像について紹介していきます。私は、研究の中で「保養」を放射能汚染の影響や不安がある地域からその影響が少ない地域に移動して一時的に滞在することと定義し、「保養プログラム」を団体が行う保養としています。私の研究ではインターネットやSNS等上に掲載されている募集要項や報告書などを利用し、日本国内の日帰りを含む保養プログラムについて3年に1回調査しています。これまでに、2013年度、2016年度、2019年度について調べました。また、研究に含めているのは主催団体が行程を概ね定めているもので、シェアハウスのように滞在場所のみを提供している

表1　年度ごとの実施数

期間	年度	東北	近畿	全国
夏休み	2013	48 (30)	38 (37)	319 (253)
	2016	34 (24)	44 (42)	266 (227)
	2019	13 (12)	26 (26)	165 (151)
その他	2013	132 (21)	0 (0)	172 (39)
	2016	142 (16)	2 (1)	201 (38)
	2019	44 (6)	0 (0)	79 (18)
全期間	2013	199 (45)	53 (40)	591 (288)
	2016	191 (36)	55 (43)	549 (261)
	2019	61 (14)	26 (26)	260 (167)

単位：個、（　）は主催団体数。
東北は青森県、岩手県、宮城県、秋田県、山形県、福島県での数。近畿は三重県、滋賀県、京都府、大阪府、兵庫県、奈良県、和歌山県での数。その他は夏休み・冬休み・春休み期間以外の数。
（1）より一部引用。

ものは含んでいません。なお、ここで示すほとんどの結果はこの稿の末尾に示す（1）の文献から引用しています。

・実施数

表1に、東北地方と近畿地方及び全国の保養プログラムの実施数を年度と期間ごとに示します。表1からわかるように、福島原発事故から時間が経過するに従い保養プログラムの主催団体数と実施数が減少しています。また、夏休みと冬休み及び春休み以外のその他の期間で東北地方の実施数が多いのは、山形県や福島県会津地方で日帰りや1泊2日程度の週末保養が活発に行われているからです。このことは、2019年度の1年間における保養プログラムの平均日数が、東北地方が2・4日、近畿地方が7・4日、全国が5・2日となっていることからもわかります。

なお、新型コロナウイルス感染拡大の影響により2020年2月下旬から多くの保養プログラムが中止や延期となっています。2020年2月29日から2020年4月7日までに新型コロナウイルスの影響で中止や延期になったものは、30団体34個確認できました。本稿執筆時点（2021年7月）でも、2021年の夏休みや週末保養の中止や延期を発表している団体を

表2　年度ごとの募集人数

期間	年度	東北	近畿	全国
全期間	2013	7450（41.6）	1111（25.8）	17484（33.6）
	2016	4885（26.8）	945（19.7）	13017（25.8）
	2019	1700（28.8）	471（19.6）	5851（24.8）

単位：人。（　）は1個当たりの保養プログラムの平均人数。
(1)より一部引用。

多数確認できます。その一方で、感染対策を取った上で実施している団体もあります。

・主催団体の移り変わり

図1に、年度ごとの主催団体の数を示します。すべての年度で実施を確認できたのは121団体で、2013年度に実施した団体の4割程度となっています。つまり、2013年度に実施した団体のうち約6割は、2019年度は実施の確認がとれていないことになります。また、新たに保養プログラムを始める主催団体も年が経過するに従って減少しています。

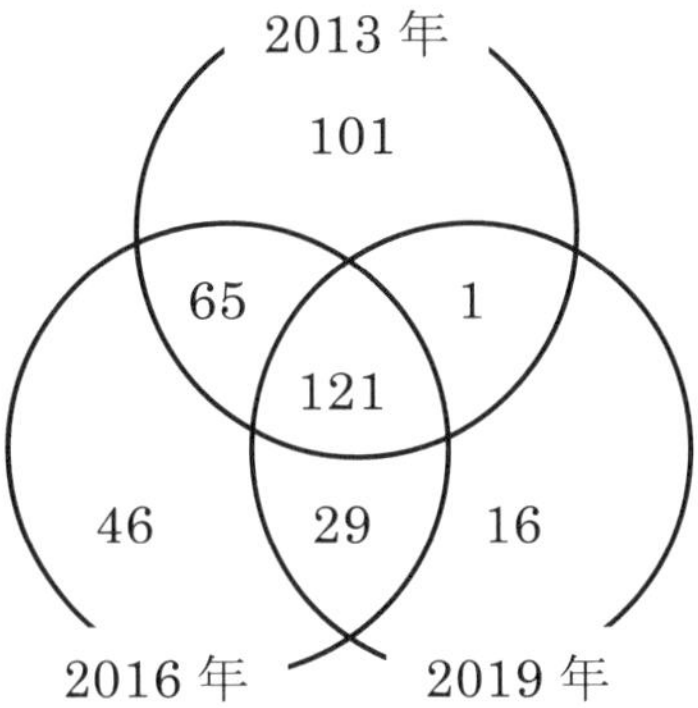

図1　年度ごとの主催団体の推移
単位：団体　　(1) より転載

・募集人数

表2に、東北地方と近畿地方及び全国の保養プログラムの募集人数と平均人数を年度ごとに示します。なお、家族単位で募集を行っている場合は1家族3人として人数に加えています。1個当たりの保養プログラムの平均募集人数は減少傾向にあることがわかります。また、近畿地方の平均募集人数は全国より少ないことがわかります。

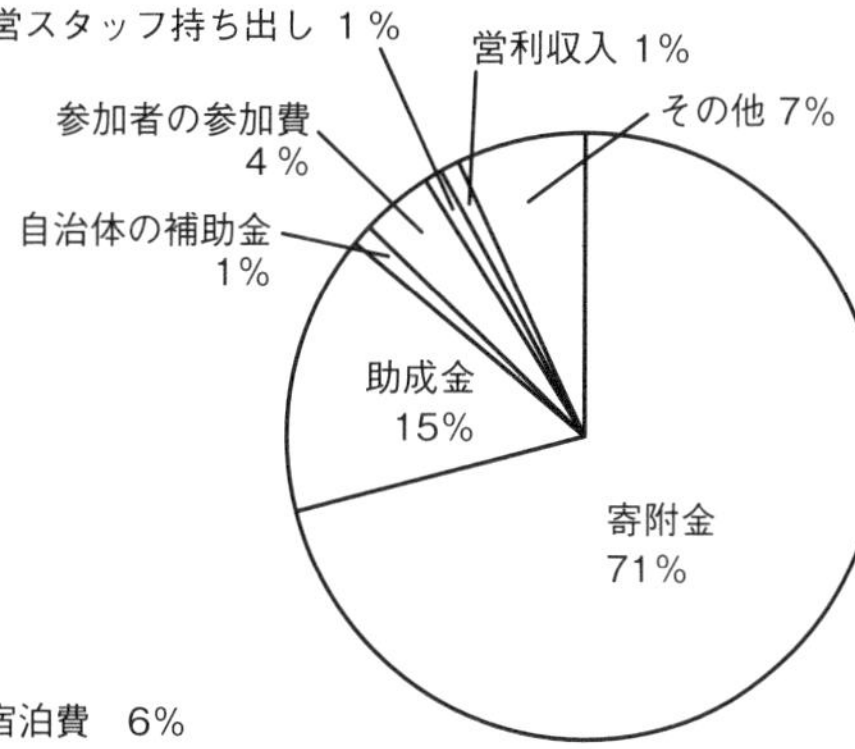

図2　主催団体の収入の内訳
(2)より筆者が再編

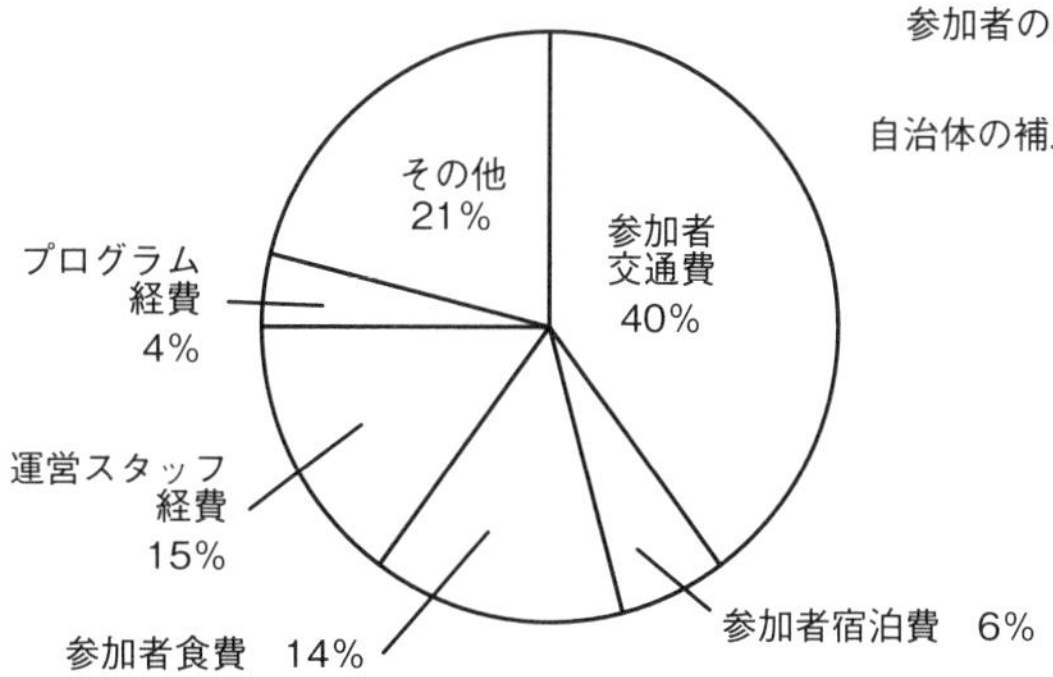

図3　主催団体の支出の内訳
(2)より筆者が再編

・参加者の対象地域

保養プログラムには、参加できる地域を福島県のみのように限定しているものがあります。福島県に住んでいる人を対象としている保養プログラムは、２０１３年度、２０１６年度、２０１９年度共に、ほぼすべてでした。放射能汚染の影響は福島県内だけではないので、保養プログラムへの参加希望は福島県外からもあります。しかし、宮城県も対象としているのは各年度13～17％、関東地方は各年度10～14％しか対象となっておらず、福島県外から保養プログラムに参加できる機会が少ない現状があります。

2　保養プログラムの主催団体の現状

ここでは、「リフレッシュサポート」と「３１１受入全国協議会保養促進ワーキンググループ」（用語解説ページ参照）が行ったアンケート結果を引用して、主催団体がおかれている財政状況を紹介していきます。リフレッシュサポートは、保養の実態調査や中間支援を行っている団体です。このアンケート調査は、２０１４年11月から1年間に保養の受け入れを行った主催団体に対して行われました。調査では、１０７団体から回答を得ています（２）。

主催団体の収入の内訳を図２に、支出の内訳を図３に示します。

表3　保養に出かける頻度

年	2011	2013	2014	2015	2016	2017	2018	2019	2020
よく出かける	34.8	10.6	10.3	6.6	6.8	5.7	6.3	5.0	4.3
たまに出かける	52.7	64.3	55.7	50.8	48.7	46.2	41.4	39.8	39.9
出かけていない	12.5	25.2	34.0	42.6	44.6	48.1	52.3	55.2	55.9

単位は%。(4) より筆者が作成。

収入の7割程度が寄附で、助成金や自治体の補助金は少ないことがわかります。また、支出の6割程度が参加者の経費に使われていますが、交通費が占める割合が高い現状となっています。なお、収入の7割程度を占める寄附金は減少傾向にあり、4分の1程度の28団体が活動資金不足と答えています。保養プログラムを継続的に実施するためには安定した資金を得ることが大切です。また、この調査では、参加費を徴収している団体は71%で、徴収していない団体は27%という結果になりました。

3　福島県中通り居住者の保養への意識

ここでは、中京大学の成元 哲《ソンウォンチョル》教授が代表をしている「福島子ども健康プロジェクト」が行っている調査結果を紹介します。その中でも、保養に関する結果について引用し、福島県中通りの保護者の考えを取り上げていきます。

福島子ども健康プロジェクトは、福島県中通りに居住する２００８年度に生まれた子どもとその保護者に対して、２０１３年から年に1回郵送による継続的な質問紙調査を行っています。この調査では、福島原発事故後の親子の生活と健康などについて尋ねています。２０１３年の第1回調査の回答数は２６２８で、２０２１年の第9回は６７８でした（3）。

表3は、保養に出かける頻度の結果です。なお、福島子ども健康プロジェクトでは、保養を「日帰り、週末、長期休暇中など一定期間、放射線量の低い場所でリフレッシュすること」（5）（p．4）として調査で尋ねています。福島原発事故直後では9割程度の家庭で保養に出かけていることがわかります。また、保養に出かける頻度は福島原発事故から

時間が経過するに従って減少していますが、２０２０年でも4割程度の家庭が保養に出かけています。

この調査では自由記述に対する回答も分析しています。保養に関連した内容では、「避難しないという選択をした、または避難したくてもできなかった家庭では特に保養を重視しているという意見」（６）（p．７）があり、避難の代わりに保養を行っている家庭の存在を明らかにしています。また、保養の数が減少していることにより条件に合うものに参加できなくなっているという意見や参加費用が上昇しているという意見なども紹介されています（７）。さらに、保養の主催団体に対する感謝の気持ち（６）、（７）や子どもが中学生になると保養に参加しにくくなるという現状も指摘しています（６）。

なお、ここでは紙面の関係でこの調査のすべてを紹介できません。福島子ども健康プロジェクトのＨＰ（８）には、調査結果や関係論文などが多数掲載されているのでぜひご覧ください。

引用文献

（１）鈴木一正（２０２１）「福島原発事故における保養プログラムの推移――２０１３年度、２０１６年度、２０１９年度の実施状況の比較」『子どもと自然学会誌23』第16巻第1号、pp.76－87。
（２）リフレッシュサポート・３１１受入全国協議会保養促進ワーキンググループ（２０１６）『原発事故に伴う保養実態調査――調査結果報告書』 http://www.311ukeire.net/img/chousa.pdf ２０２１年7月4日閲覧。
（３）福島子ども健康プロジェクト（２０２１）『福島原発事故後の親子の生活と健康に関する調査報告書（２０２１）第9回調査速報値』 https://fukushima-child-health.jimdofree.com/調査報告書/ ２０２１年7月4日閲覧。
（４）福島子ども健康プロジェクト（２０２０）『福島原発事故後の親子の生活と健康に関する調査報告書（２０２０）第8回調査速報値』 https://fukushima-child-health.jimdofree.com/調査報告書/ ２０２１年7月4日閲覧。
（５）福島子ども健康プロジェクト（２０２０）『第8回福島原発事故後の親子の生活と健康に関する調査（２０２０）第8回調査票』 https://fukushima-child-health.jimdofree.com/アンケート調査票/ ２０２１年7月4日閲覧。

（6）成元哲・牛島佳代・松谷満（2020）「原発事故10年目の春、福島の母親たちの声：2020年調査の自由回答欄にみる福島県中通り親子の生活と健康」『中京大学現代社会学部紀要』第14巻第1号、pp.1－60。
（7）成元哲・牛島佳代・松谷満（2019）「福島の母かく語りき：2019年調査の自由回答欄にみる福島県中通りの親子の生活と健康」『中京大学現代社会学部紀要』第13巻第1号、pp.25－118。
（8）福島子ども健康プロジェクト　https://fukushima-child-health.jimdofree.com/　2021年7月4日閲覧。

東京電力福島第一原発事故がもたらした被害
――繰り返さないために、知ってほしいこと

東京電力福島第一原発事故とは

２０１１年3月11日14時46分に発生したマグニチュード９・０の巨大地震により、当時稼働していた１号機、２号機、３号機が緊急停止しました。地震のため送電線の鉄塔が倒壊して発電所は外部からの電力供給が途絶えます。地下にあった非常用発電機が動いたものの津波に襲われて全所停電。原子炉の炉心の温度は２８００度に達して核燃料が溶けだし始め、同日の19時３分、内閣総理大臣が原子力緊急事態宣言を発出しました。この緊急事態宣言は、今日に至るまでまだ解除されていません（２０２１年10月末現在）。

翌12日には、１号機でメルトダウン、水素爆発で建屋が吹き飛び大量の白煙が吹きあがりました。14日には３号機もメルトダウンして水素爆発が起き、黒い煙が空高く吹きあがりました。15日、２号機もメルトダウン、水素爆発を免れたものの、原子炉を納めた格納容器の破損を防ぐ操作の中で大量の放射性物質が外部に放出されました。４号機は定期検査で停止中、核燃料が燃料プールに移してあったのでメルトダウンはありませんでしたが、配管から流れ込んだ水素で建屋が爆発して吹き飛びました。４号機の核燃料が入った燃料プールが崩壊して放射能が拡散すれば被害は桁違いになるため、自衛隊や東京消防庁なども駆けつけて必死の放水作業を行い、原子炉建屋内の状態にいくつかの偶然が重なったこともあって、最悪の事態はどうにか避けられました。

福島第一原発だけではなく、福島第二原発、宮城県の女川原発、茨城県の東海第二原発、青森県の東通原発も被害を受けましたが、メルトダウンはかろうじて免れたので、大量の放射能が漏れることにはなりませんでした。

汚染はどのように広がったか

大気中に放出された放射性物質の約84%は偏西風に乗って太平洋側に流れ、残りの16%は風に乗って東日本の各地に降下しました。日本では、1平方メートル当たりの放射能量が4万ベクレルを超える場所は「放射線管理区域」となり法律で立ち入りが厳しく規制されます。この基準を超える地域が、福島県の浜通り、中通りを中心に、栃木県、群馬県、宮城県、茨城県、千葉県、岩手県、新潟県、東京都の一部まで広がりました。こうした汚染の広がりは、文部科学省が所管する緊急時迅速放射能影響予測ネットワークシステム（SPEEDI）で早期に予測されていましたが、公表されず、住民の避難にも活用されませんでした。

地表に沈着したセシウム（134と137の合計）量の分布を空間線量から推測して文部科学省が作成した汚染地図（左頁）を見てください。放射性物質には半減期があり、時間とともに減衰していきます。セシウム134の半減期は約2年ですが、セシウム137の半減期は30年ですから、その大半はまだ環境中に残っています。高い放射線量を何とかしてほしいという市民の声を受けて、放射性物質を取り除く「除染」（237ページ参照）が始まりました。保養も、高い放射線量の中で暮らさざるを得なくなった人々からの切実な訴えに呼応する形で、日本中に広まりました。

被曝による健康被害

この原発事故での被曝による健康被害は、実態の把握が進んでおらず、いまだに全体像が見渡せません。その背後にあるのは、「調べない、知らせない、助けない」政府の姿勢です。

たとえば事故直後、甲状腺に蓄積されて甲状腺がんを引き起こす原因になる放射性ヨウ素が大量に放出されましたが、政府はその実態を測定しませんでした。政府が体系的に行っている公的検査は、事故当時に18歳以下だった福島県内の子どもたち約38万人を対象とする甲状腺の検査だけです。この検査で判明した甲状腺がんあるいはその疑いと診断された子どもは252人、そのうちがんと確定した子どもは202人でした（2021年1月時点の福島県発表資料）。実際には、

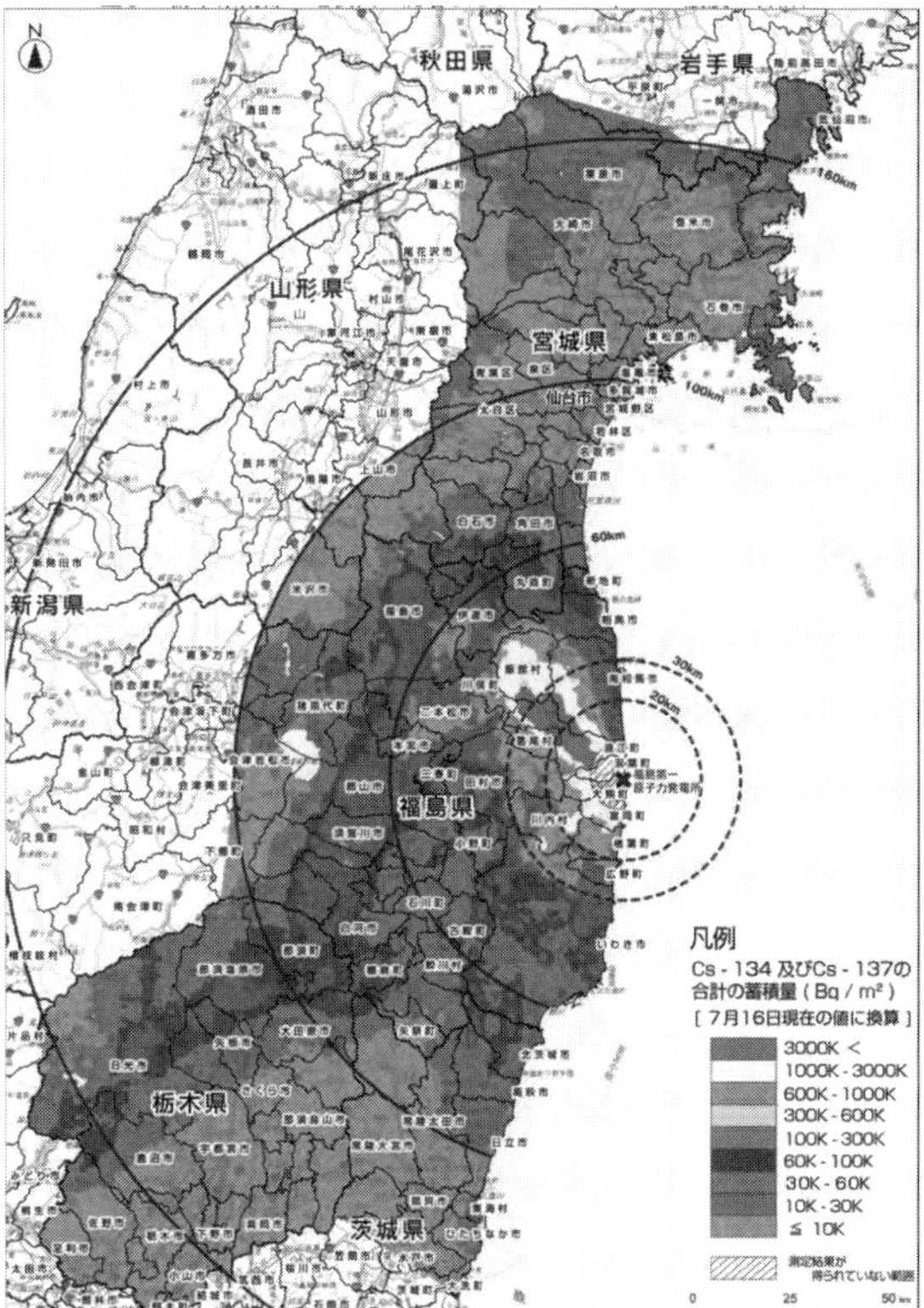

図　文部科学省による航空機モニタリングの結果〈改訂版〉〈福島第一原子力発電所から100、120kmの範囲及び宮城県北部並びに栃木県南部の地表面に付着したセシウム134、137の濃度の合計〉

＊「文部科学省による放射線量等分布マップ（放射性セシウムの土壌濃度マップ）の作成結果を踏まえた航空機モニタリング結果（土壌濃度マップ）の改訂について」より

甲状腺がんを発症したけれどここでカウントされていない患者も少なくないと考えられています。政府は、「原発事故との関連は認められない」という立場です。福島県の周辺県では、ごく限られた例を除いて公的検査は行われていません。

福島原発で収束作業にあたる作業員の被曝や健康被害も深刻です。２０１５年10月、原発事故後の作業で被曝した後に白血病になった元作業員に対して労災が認定されました。

調べない政府に対して市民が立ち上がり、日本各地に次々と市民放射能測定所が開設、全国30か所以上の測定所からなるネットワーク（みんなのデータサイト・256ページ書籍紹介参照）も誕生して活動しています。甲状腺検査を自主的に進める試みや、甲状腺がんの患者家族に対して療養費支給をはじめとする支援を行う活動も続いています。

原子力災害による避難の特殊性

原発の異変を知った地元の人々は連絡を取り合い、政府の指示を待たずに自主的にも避難を始めました。車で避難した人たちは大渋滞に巻き込まれ、迫りくる放射性物質の恐怖で心に深い傷を負いました。とるものもとりあえず避難した人々は、そのまま長い年月の避難生活を強いられました。

原発事故に特徴的だった避難の形態の一つが母子避難です。原子力災害であるため、幼い子どもの健康被害を案じて、母子だけが遠方に避難し、配偶者が収入を確保するために仕事のある居住地に残るという行動を選んだ人たちがたくさんいました。こうした母子避難は、長い人だと10年にわたって続けられている場合もあり、母子と配偶者のどちらにも大きな精神的・経済的負担となっています。

東日本大震災では、高齢者や障害者など「要援護者」と言われる人々の死亡率が、それ以外の人々の2倍に上りました。事故直後の緊急避難時には、寝たきりで医療的ケアが欠かせない高齢の入院患者たちが、観光バスの狭い座席に押し込められて何時間もの移動を強いられ、死亡する人が続発しました。「原発事故がなければ患者たちは助かった」として、東電の旧経営陣の責任を問う刑事裁判も続いています。

東日本大震災の震災関連死者数

岩手県	470人
宮城県	929人
福島県	2319人
その他	56人
計	3774人

「震災関連死」とは、災害そのものが直接的な原因となって亡くなるのではなく、災害が起きた際には助かったものの、避難生活を続ける中でストレスなどさまざまな理由から体調を崩して亡くなり、それが災害と因果関係があると行政から認定されたものです。２０２１年３月31日までに東日本大震災の震災関連死と認定された人は、全国で３７７４人です。県別の人数は上表の通りです。津波被害が中心だった岩手県・宮城県に対して、原発事故の影響が大きかった福島県の犠牲者が突出して多いことがわかります。年齢別では66歳以上が全体の９割近くを占めます。震災から５年以内に亡くなった人が３６４４人で約97％ですが、それ以降も関連死と認定される人は増え続けています。

震災関連自殺は、厚生労働省の統計によると、２０２０年末までの約10年間で２４０人。福島県が１１８人、岩手54人、宮城58人、３県の合計が２３０人で全体の96％を占めます。この問題も現在進行形であり、２０２０年にも５人が自殺しています。将来の見通しが立たないという苦しみに直面する中での、孤立や分断や差別なども背景にあると思われます。

第一次産業への打撃と生産者の苦闘

原発事故で放射性物質が大量に放出され、福島で基幹産業の一つである農林水産業はたいへん深刻な打撃を受けました。

事故から13日後の3月24日、須賀川市では「福島の野菜はもうだめだ」とのことばを残して有機農家の男性が自ら命を絶ちました。政府が一部福島県産野菜の摂取制限の指示を出した翌日のことでした。

6月になると、「原発さえなければ」ということばをふくむ遺書を壁に書き残して、相馬市の酪農家の男性が自ら命を絶ちました。飼っていた約30頭の牛を6月初旬までに殺処分しなければならなくなり、廃業を強いられたことが直接のきっかけでした。

漁業が受けた被害も甚大でした。津波で漁港が軒並み大被害を受けた上に、福島原発から海へと流出した大量の放射性物質（特にセシウムとストロンチウム）によって、２０１２年6月まで漁は全面停止となりました。同年6月から試験操業は始まりましたが、原発から半径10キロ圏内は今も操業自粛、10キロ圏外では漁が行われているものの、漁獲高も売り上げも激減したままです。漁協独自の検査を国の基準よりも厳しい基準を設けて行うなど努力が重ねられていますが、これから「汚染水」の海洋放出が始まれば、これまでの努力が水泡に帰してしまう、と漁協の人々は強く懸念しています。

福島県を中心に、第一次産業に従事する人々はこの10年間、血のにじむような努力を続けてきました。小さくとも希望に満ちた取り組みも数多く生まれています。消費者として、生産地で何が起きているかを知ることが大切です。

加害者が査定する？　原子力災害の賠償の問題

「原子力損害の賠償に関する法律」（原賠法）に基づいて行われる、福島原発事故の賠償には問題がたくさんあります。たとえば、被曝の健康影響に対する不安やふるさと喪失などの重大な被害が賠償の対象になっていません。裁判を起こせば認められる例も増えていますが、認定金額は非常に低いものです。被害者が賠償について意見を述べる機会も、裁判を起こさないかぎりほとんどありません。また、賠償の方式には直接請求、ＡＤＲ（裁判によらない調停）、裁判の3通りがあり、最も件数が多いのは直接請求ですが、加害者である東電が作った請求書類に被害者が懸命に記入して、加害者である東電に賠償請求を直接行います。しかも、査定するのは第三者ではなく、加害当事者である東電なのです。ＡＤＲでは、調停者が出した和解案を東電が拒否して不成立に終わることも増えています。

さらに、国の避難指示等を受けた地域であるかどうかで、賠償の内容に非常に大きな格差が設けられました。周辺県で被害を受けた人々もふくめて、地域によって何段階にも賠償の格差が設けられたことで深刻な分断が生み出されました。

除染とはいったい何だったのか

今回の原発事故後に行われた除染は、事故後につくられた法律（除染特措法）によると、「事故由来放射性物質により汚染された土壌、草木、工作物などの除去、拡散防止、汚染低減のために必要な業務」とされています。土壌の表面をはぎ取って除去する、草木を刈り取って除去する、樹木の樹皮を剥ぐなどの作業が福島県内のあちこちで行われました。除染で生じた放射性廃棄物（除染廃棄物）の総量は１４００万立方メートル（帰還困難区域を除く）、除染廃棄物を詰めるフレコンバッグと呼ばれる土嚢袋の容量は約1立方メートルなので、どれだけ大量のフレコンバッグが野積みされているかが推測されます。県内で自治体が管理する仮置き場は１０４２か所、そこで保管しきれなかったものは住宅街を含め至る所に仮置きされ、その数は2万か所以上に及びました。それらが今、中間貯蔵施設（242ページ参照）へ運び込まれています。

だれにも経験のない、原発事故後の除染作業。公共事業として主導した環境省も手探りで、下請け、孫請け、曾孫請けと作業が順繰りに委託され、謳われている理念と実際に行われている作業に大きな乖離もありました。外国人労働者がそれとは知らずに従事させられる事例も起きています。

人間は、放射性物質を移動させることはできても、無毒化することはできません。従事する作業員が被曝し、全国から集められた作業員らと地元住民の軋轢も生まれました。仮置き場や中間貯蔵施設のために土地を提供する人やその周辺の人々は、さらなる苦しみを受けています。除染という巨大公共事業が新たな利権や不正を生んだ面も大きいと言われています。

避難指示の始まりから解除まで、そして帰還困難区域

２０１１年３月11日
21時23分に国が半径３キロ圏内に避難指示。
２０１１年３月12日
５時44分に国が半径10キロ圏内に避難指示。
18時25分に国が半径20キロ圏内に避難指示。
２０１１年４月22日
国が原発から半径20キロ以内を原則立ち入り禁止の「警戒区域」に、20〜30キロを緊急時にはすぐ避難しなければならない「緊

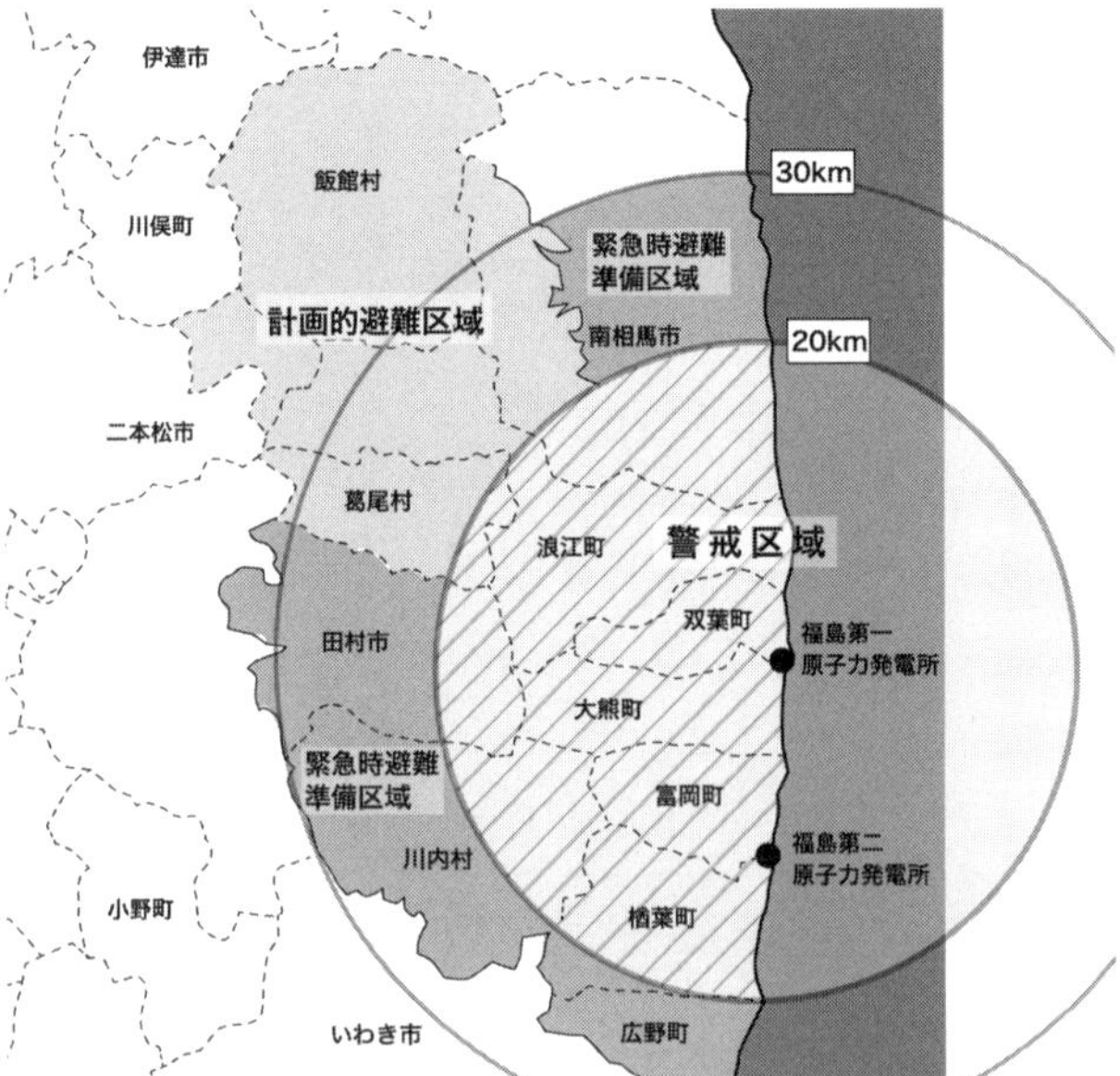

避難区域の状況（2011年4月22日時点）

急時避難準備区域」に、1年間の被曝線量の合計が20ミリシーベルトになりそうな区域のうち半径20キロ圏外を「計画的避難区域」に指定（12市町村）。それ以外で局所的に20ミリシーベルトを超えそうな地点は「特定避難勧奨地点」として細かく指定。

2011年9月30日

国は「安全が確認された」として、緊急時避難準備区域を解除。

2012年4月

国は住民の帰還を進めるため、年間積算線量が20ミリシーベルト以下なら「避難指示解除準備区域」、20ミリを超えそうなら「居住制限区域」、50ミリを下回らないなら「帰還困難区域」と避難区域を再編。

2014年4月

田村市都路地区の避難指示が解除される。

これを皮切りに、2020年3月までに帰還困難区域を除くすべての避難指示区域が解除された。

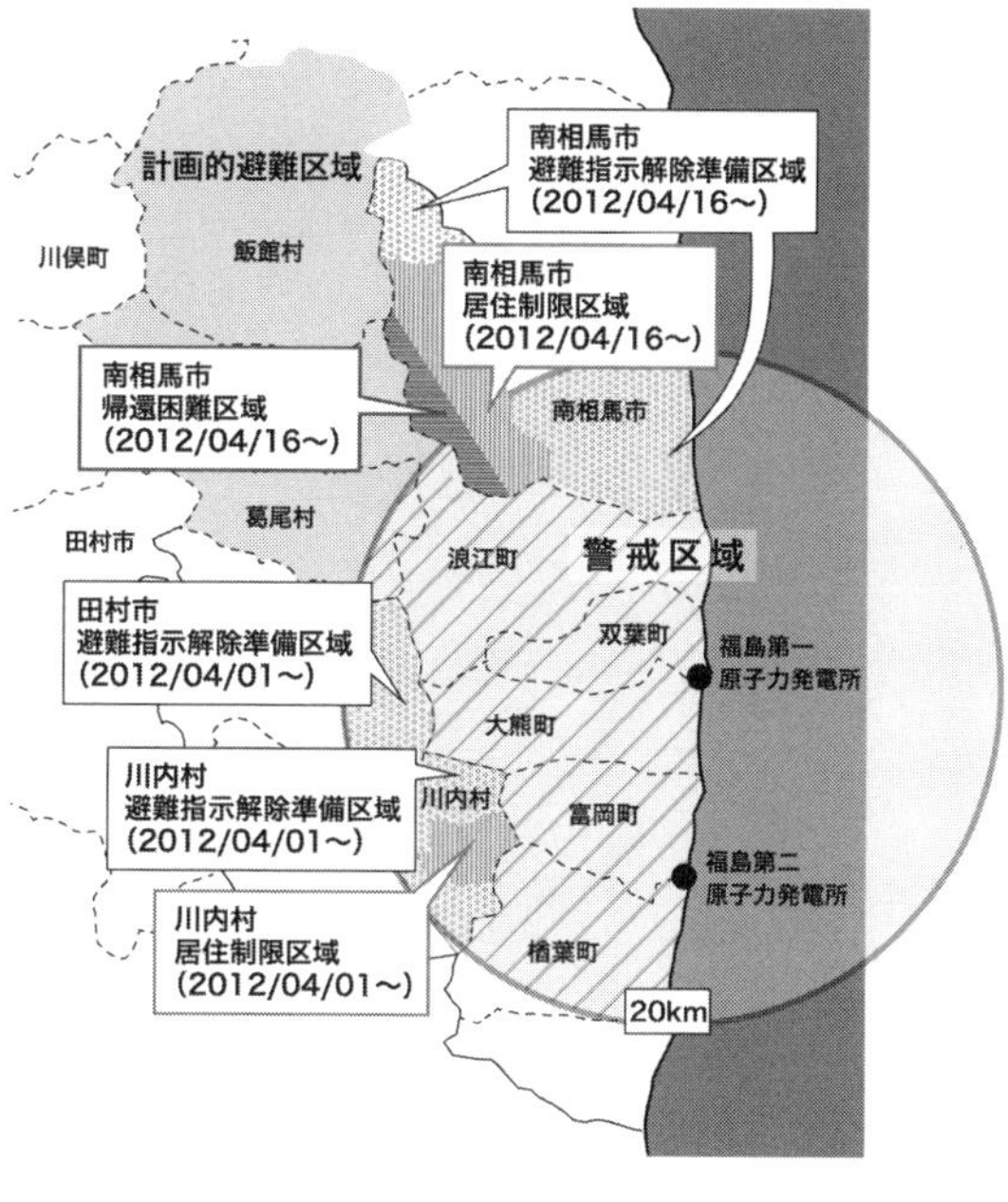

避難区域の状況（2012年4月1日時点）

避難指示は、環境の放射線量が下がったから解除されたわけではありません。日本の法令を順守すれば人が住めないはずの環境に、国が帰還を促しているのです。国は、帰還困難区域の中でも放射線量が比較的低くて交通の利便性が高い場所などを選んで「特定復興再生拠点区域」（再生拠点）に指定、積極的に住民の帰還を促しています。

帰還困難区域を抱える自治体では、部分的に避難指示が解除されても、実際に帰還する住民は少ない状況です。社会インフラの状態からして帰還が困難であっても、避難指示が解除されるのに伴って、東電による賠償や政府による支援策も打ち切られてきました。

また、帰還困難区域の中でも再生拠点に指定されなかった地域は「白地《しろじ》地区」と呼ばれ、その大部分は除染もされずに放置されたままです。

これまでも、これからも続く被曝労働

原発では、定期検査などの際に放射能で汚染された場所で被曝を伴う作業をする労働者がおおぜい必要です。事故を起こした福島第一原発では、ほぼすべての労働が被曝を伴います。誰かが被曝労働をし続けなければ廃炉にならないのです。

福島第一原発では、2015年だと一日平均6800人が、2020年でも平均4000人がそれぞれ異なる持ち場で多様な業務についています。

原発での労働は被曝量の上限が決まっているので、労働者の被曝管理が重要になります。被曝量が上限に達したら新しい労働者を投入しなければならず、未熟練の労働者が次々に現場に入ってきます。被曝量の多い場所での作業は、完全防護の装備で取り組んでも一日に2時間程度しかできず、とにかくたくさんの労働者が必要です。そのリクルートのため原発での労働は多重請負の構造になっており、孫請け、曾孫受けと次々に下請け会社が参入し、賃金の未払いや被曝管理の不正（記録の改ざんなど）が横行しやすいことがよく知られています。過酷な労働状況

の中、事故も多発しています。２０２０年6月10日までに、東電が認めているだけでも死者20人、重傷24人、負傷等（意識不明含む）２６３人、熱中症１００人です。

次々に労働者を投入して被曝させては入れ替えていく、という「使い捨て」の方式で労働者は働いています。廃炉まであと何十年かかるかわからず、日本には廃炉にしなければならない原発が他にもたくさんあります。いったい誰が廃炉の作業を担うのか。これは誰か特別な人たちの問題ではありません。

溶け落ちた核燃料に触れた水を海洋放出？

メルトダウンした原発の建屋内（格納容器の底）には今も溶け落ちた「燃料デブリ」があり、高熱を発しているので冷やし続けなければ再び事故になります。だから水を注入し続けて冷やしています。また、原子炉建屋の破損部分から雨水や地下水が建屋内に流れ込んできます。注入する冷却水も、流入する雨水や地下水も、いずれも燃料デブリにふれるため、放射能汚染水となります。つまり、注入する水よりも多くの汚染水ができてしまうので、回収・浄化して再び冷却のために注入する分を差し引いても、汚染水は増え続けてしまうのです。

東電発表によると、２０２１年3月までに敷地内のタンクに溜まった汚染水の総量は約１２５万トン、建屋内に溜まっている汚染水が推計で約5千トンです。タンクの数は１０００基以上。２０２２年秋頃にはタンクを建てる敷地が不足して保管スペースがなくなると東電は主張し、政府は「解決策」として汚染水の海洋放出を計画します。そして、関係者の理解なしにはいかなる処分も行わないという２０１５年に福島県漁連と交わした約束を反故にして、２０２１年4月13日、政府は海洋放出を決定しました。地元の漁業者は言うまでもなく、抗議の声は日本全国、いえ世界中に広がっています。

汚染水はＡＬＰＳという放射能除去装置にかけて「浄化処理」されますが、トリチウムという放射性物質は除去できません。また、現状ではALPSで除去できるはずの（トリチウム以外の）放射性物質も除去しきれずに残っています。「浄化処理」された汚染水は「処理水」と呼ばれます。

保管されている「処理水」に含まれるトリチウムは平均して1リットル当たり159万3000ベクレルです。排水が可能なトリチウムは1リットル当たり6万ベクレルと決まっているので、海洋放出するなら希釈しなければなりません。当たり前ですが、希釈すれば量が増えるので、すべてを流し終えるのに何十年もかかります。「処理水」といっていますが、2018年9月の東電の発表によると、浄化処理後の約8割にあたる水に、トリチウム以外にもさまざまな放射性物質が基準を大きく超える濃度で含まれていました。

最終処分場がないまま作られた中間貯蔵施設

除染作業で出た除染廃棄物（土壌、草木など）はフレコンバッグに詰められて、県内の各地に仮置きされていました。放射能を含む廃棄物が生活圏内に仮置きされたままの状況を解消するため、原発が立地している大熊町と双葉町に建設されたのが中間貯蔵施設です。原発の周辺の1600ヘクタールという広大な敷地です。毎日2000台以上のトラックが行き交い、福島県内で出た除染廃棄物が搬入されています。すでに7割以上が搬入され、搬入作業は2021年に完了の見込みです（帰還困難区域は除く）。

中間貯蔵施設では、県内の除染廃棄物を30年間だけ保管し、最終処分は県外で行うと法律で定められました。しかし、環境省は担当省庁でありながら、本気で県外に最終処分場を見つけようとはしていません。それどころか環境省は、汚染土の一部を道路工事や農地造成などに「再利用」する計画を進めています。高齢の地元住民たちからは中間貯蔵施設について「最終処分場にされるのでは」「俺らが死ぬのを待っているのかな」という切実な声が上がっています。土地の売却に応じない地権者もまだおられ、津波で亡くなった家族の遺骨をその場所で探している人もいます。故郷を奪われた上に放射性物質のゴミ捨て場にされる……政府の対応としてこんな残酷なことは許されません。

廃炉とは何かを議論せずに進む廃炉作業

東京電力は、福島第一原発を廃炉にするために、現在では毎日約４０００人の労働者を使って、被曝の危険を伴う作業に従事させています。また廃炉が実現するのは30〜40年後、最長で２０５１年に終了するとの工程表を発表していますが、それは机上の空論にすぎず、実現の可能性はほとんどありません。

原発の廃炉とは通常、「運転を止め、核燃料を運び出し、原子炉・配管・機器類や建屋を除染・解体して土地を元通りにすること」を指します。事故を起こして壊れた原子炉であっても、廃炉作業で最終的にどういう状態を目指すのか（エンドステート）を最初に定めておくことが重要だというのが国際的な常識です。しかし、東電も国も「福島原発の廃炉とは、なにがどうなることなのか」を決めていません。

メルトダウンした3つの原子炉では、圧力容器を突き破って溶け落ちた高濃度の核燃料が、壊れた炉内構造物の金属類とまじりあった「燃料デブリ」となって原子炉格納容器の底にたまっているといわれています。しかしどこにどういう状態で燃料デブリが散らばっているかは、ほんの断片的にしかわかっていません。放射線量が高すぎて、調べることもままならないのです。前代未聞の廃炉作業、どのようにしたら核燃料を取り出せるのか、どうやって処理するのか、取り出した核燃料や高濃度に汚染されたがれきはどこに置くのか、これらはすべて未定です。

東電が２０２０年末までに支出した廃炉のための費用は、１兆４４３８億円です。廃炉が完了するまでにはさらにお金が必要で、８兆円に上るとの試算もあります。

原発事故は今も終わっていない

かつて、今中哲二さん（元京都大学原子炉実験所助教）は、チェルノブイリ原発事故から学んだこととして「原発で大事故が起きると、まわりの村や町がなくなり、地域社会が消滅する」と記しました。この簡潔な一文が示す、取り返しのつかない事態が、東京電力福島第一原発事故でも引き起こされました。そして原発事故がもたらす被害は、人々の耳目を集める象徴的な事象を超えて、複雑に絡み合いながらとめどなく連なって続いています。事故は今も終わっていません。

もしも気になることがあれば、ぜひご自分で調べてみてください。二度と繰り返さないためにも、私たち一人ひとりの暮らしと地続きのところで今、起きていることなのだということを知ってほしいと強く感じています。

（宇野田陽子・編集委員）

監修：細川弘明・京都精華大学教授

主な参考資料

『原発事故は終わっていない』小出裕章（２０２１）毎日新聞社

『原発ゼロ社会への道 ２０１７』原子力市民委員会編（２０１７）原子力市民委員会

『10年後の福島からあなたへ』武藤類子（２０２１）大月書店

「『チェルノブイリ』を見つめなおす――20年後のメッセージ」今中哲二・原子力資料情報室 編著

『終わりのない原子力災害——３・11東日本大震災から10年』（映像作品）松本光（監督）、細川弘明（監修）、アジア太平洋資料センター・FoE Japan（共同制作）https://vimeo.com/ondemand/parc311
（英語版 https://vimeo.com/ondemand/fukushima10years）

地震国・日本で次々に原発が建てられてから廃炉の時代に至るまでのおもなできごと

	原発関連　◆社会のできごと	おもな地震
1945	7月　アメリカが世界初の核実験（米ニューメキシコ州にて） **8月　広島と長崎に原爆投下　日本敗戦**	青森県東方沖M7.1
1946		昭和南海M8.0
1948		福井M7.1
1949	旧ソ連が初核実験（セミパラチンスク・現カザフスタンにて）	
1950	◆朝鮮戦争勃発	
1952	イギリスが初核実験（モンテベロ諸島・オーストラリアにて）	十勝沖M8.2
1954	**アメリカの水爆実験（太平洋ビキニ環礁にて）により第五福竜丸が被曝** 降下した多量の死の灰によりマーシャル諸島の住民や操業中だった漁船の乗組員など約2万人が被曝	
1955	**原子力基本法成立**　政府として原子力の研究、開発、利用の促進へと踏み出す	
1960	フランスが初核実験（アルジェリアにて）　◆チリ地震津波　三陸地方に大きな被害	チリM9.5
1964	中国が初核実験（ロプノール・現新疆ウイグル自治区にて）	新潟M7.5
1965	◆ベトナム戦争激化	
1966	海外でのウラン探鉱開始／東海原発1号機運転開始	与那国島近海M7.3
1968		日向灘M7.5
1970	敦賀原発1号機、美浜原発1号機運転開始	十勝地方南部M6.7 日向灘M6.7
1971	福島第一原発1号機運転開始	十勝沖M7
1972	美浜原発2号機運転開始 ◆沖縄の本土復帰	八丈島東方沖M7 八丈島東方沖M7.2
1973	◆第一次石油危機	根室半島沖M7.4 根室半島沖M7.1
1974	インドが初核実験（ラジャスターン州ポカランにて）／福島第一原発2号機運転開始 原子力船むつ、放射線漏れ事故／島根原発1号機、高浜原発1号機運転開始	伊豆半島沖M6.9 苫小牧沖M6.3
1975	高浜原発2号機、玄海原発1号機運転開始	

1976	浜岡原発1号機、美浜原発3号機、福島第一原発3号機運転開始	
1977	伊方原発1号機運転開始	
1978	東海第二原発1号機、福島第一原発5・4号機、浜岡原発2号機運転開始 福島原発3号機事故　制御棒5本が操作ミスで抜け、7時間半にわたって臨界が続く　**日本初の臨界事故**	伊豆大島近海M7 宮城県沖M6.7 宮城県沖M7.4
1979	大飯原発1・2号機、福島第一原発6号機運転開始 **スリーマイル島原発事故**（アメリカ・ペンシルバニア州）ＩＮＥＳレベル5 2号機で給水ポンプが動かなくなり、原子炉が緊急停止。人為ミスが重なり、原子炉の冷却水が流出し炉心溶融に至る 世界中で市民の反原発運動が高まる	
1981	玄海原発2号機運転開始 **敦賀原発放射性廃液流出事故** 廃棄物処理建屋内で高濃度の放射性廃液が漏れ、壁の亀裂から一般排水路に流れ込み、日本海に流出	浦河沖M6.9
1982	福島第二原発1号機、伊方原発2号機運転開始	浦河沖M7.1
1983		秋田沖M7.7
1984	女川原発1号機、川内原発1号機、福島第二原発2号機運転開始	
1985	高浜原発3・4号機、福島第二原発3号機、川内原発2号機、柏崎刈羽原発1号機運転開始	
1986	**チェルノブイリ原発事故**（旧ソ連・現ウクライナ共和国）ＩＮＥＳレベル7 4月26日に起きた20世紀最悪の原発事故。4号機で暴走事故が発生し爆発。大量の放射性物質放出が続く 5月上旬にかけて北半球ほぼ全域で放射能が観測され、世界的に反原発の運動が広がる **原発事故後、旧ソ連では国主導で「保養」が始まる**	
1987	敦賀原発2号機、福島第二原発4号機、浜岡原発3号機運転開始	岩手県沿岸北部M6.6 十勝地方南部M6.6 福島県沖M6.7
1988	伊方原発から800ｍの地点に米軍ヘリが墜落	
1989	島根原発2号機、泊原発1号機運転開始 ◈ベルリンの壁崩壊	
1990	柏崎刈羽原発2・5号機運転開始	

1991	泊原発2号機、大飯原発3号機運転開始／**美浜原発蒸気発生器伝熱細管破断事故**	雲仙岳平成大噴火（1991〜95）
	◆湾岸戦争／ソ連解体／バブル崩壊	
1993	大飯原発4号機、柏崎刈羽原発3号機、志賀原発1号機、浜岡原発4号機運転開始	釧路沖M7.5　能登半島沖M6.6　北海道南西沖M7.8　北海道南西沖M6.3
1994	柏崎刈羽原発4号機、玄海原発3号機、伊方原発3号機運転開始	根室半島沖M6.3　北海道東方沖M8.2
1995	女川原発2号機運転開始	三陸沖M7.6
	◆阪神・淡路大震災　◆地下鉄サリン事件	岩手県沖M7.2　兵庫県南部M7.3　奄美大島近海M6.9
	高速増殖炉もんじゅナトリウム漏洩事故	
1996	柏崎刈羽原発6号機運転開始	
1997	柏崎刈羽原発7号機、玄海原発4号機運転開始	鹿児島県薩摩地方M6.4　鹿児島県北西部M6.6
	動燃東海事業所火災爆発事故　INESレベル3	
1998	東海原発1号機運転終了　パキスタンが初核実験（バローチスタン州にて地下核実験）	
1999	**東海村JCO臨界事故**　INESレベル4	
	東海村のウラン加工施設（茨城県）で作業員2名死亡、1名重傷。周辺住民を含め600人以上が被曝	
	この事故をきっかけに、原子力災害対策特別措置法制定	
	志賀原発1号機事故	
2000		伊豆諸島北部群発M6.5　鳥取県西部M7.3
2001		芸予M6.7
2002	女川原発3号機運転開始	宮城県沖M6.3
2003		宮城県沖M7.1　十勝沖M8
2004	**美浜原発3号機事故**	紀伊半島南東沖M7.4　新潟県中越M6.8
	二次冷却系の配管破損により高温高圧の水蒸気が多量に噴出、逃げ遅れた作業員5名が熱傷で死亡	
2005	浜岡原発5号機、東通原発1号機運転開始	釧路沖M6.4　福岡県北西沖M7
2006	志賀原発2号機運転開始／北朝鮮が初核実験（咸鏡北道吉州郡プンゲリにて）	
2007	新潟県中越沖地震により柏崎刈羽原発は複数の事故が発生して7基全基が運転停止	能登半島M6.9　新潟県中越沖M6.8
2008		茨城県沖M7　岩手・宮城内陸M7.2
2009	泊原発3号機運転開始／浜岡1・2号機廃炉決定	駿河湾M6.5　八丈島東方沖M6.6
2010	もんじゅで炉内中継装置落下事故により再び稼働停止	

年	できごと	地震など
2011	◆**東日本大震災** **福島第一原発1〜4号機が爆発により停止** **福島第二原発も地震と津波で破損、停止**　ＩＮＥＳレベル7 **民間による保養が各地で始まる**	**三陸沖M9**　**（その後数十回に及ぶ余震）** 岩手県沖M6.6 三陸沖M7.3
2012	福島第一原発1〜4号機廃炉決定 **5月5日、42年ぶりに日本国内で運転中の原発がゼロに。電力不足なし** 大飯原発3・4号機再稼働	
2013		十勝地方南部M6.5
2014	福島第一原発5〜6号機廃炉決定	伊予灘M6.2 御嶽山噴火（死者58名、行方不明5名）
2015	玄海原発1号機廃炉決定／関東・東北豪雨で各地の河川が氾濫、除染廃棄物のフレコンバッグも流出 美浜原発1・2号機、敦賀原発1号機、島根原発1号機廃炉決定／川内原発1号機再稼働（8月）	宮城県沖M6.8 小笠原諸島西方沖M8.1
2016	伊方原発1号機廃炉決定 **高速増殖炉もんじゅ廃炉決定** 総額1兆1313億円を投入したが、稼働したのは22年間でわずか250日	浦河沖M6.7 熊本M7.3
2017	国連で核兵器禁止条約採択。日本は交渉に不参加 大飯原発1・2号機廃炉決定	
2018	女川原発1号機、伊方原発2号機廃炉決定 北海道全域で電力供給が止まるブラックアウト発生。泊原発も外部電源喪失、非常用電源に切替	北海道胆振東部M6.7
2019	福島第二原発全基の廃炉決定　玄海原発2号機廃炉決定 ◇房総半島台風／東日本台風	日向灘M6.3 山形県沖M6.7 福島県沖M6.4
2020	◇**新型コロナウイルスによる感染爆発**	青森県東方沖M6.5
2021	核兵器禁止条約発効。日本は未署名・未批准 福島第一原発で増え続ける「処理された」汚染水の海洋放出を政府が決定。国内外から抗議の声が上がる	福島県沖M7.3 宮城県沖M6.9 宮城県沖M6.8

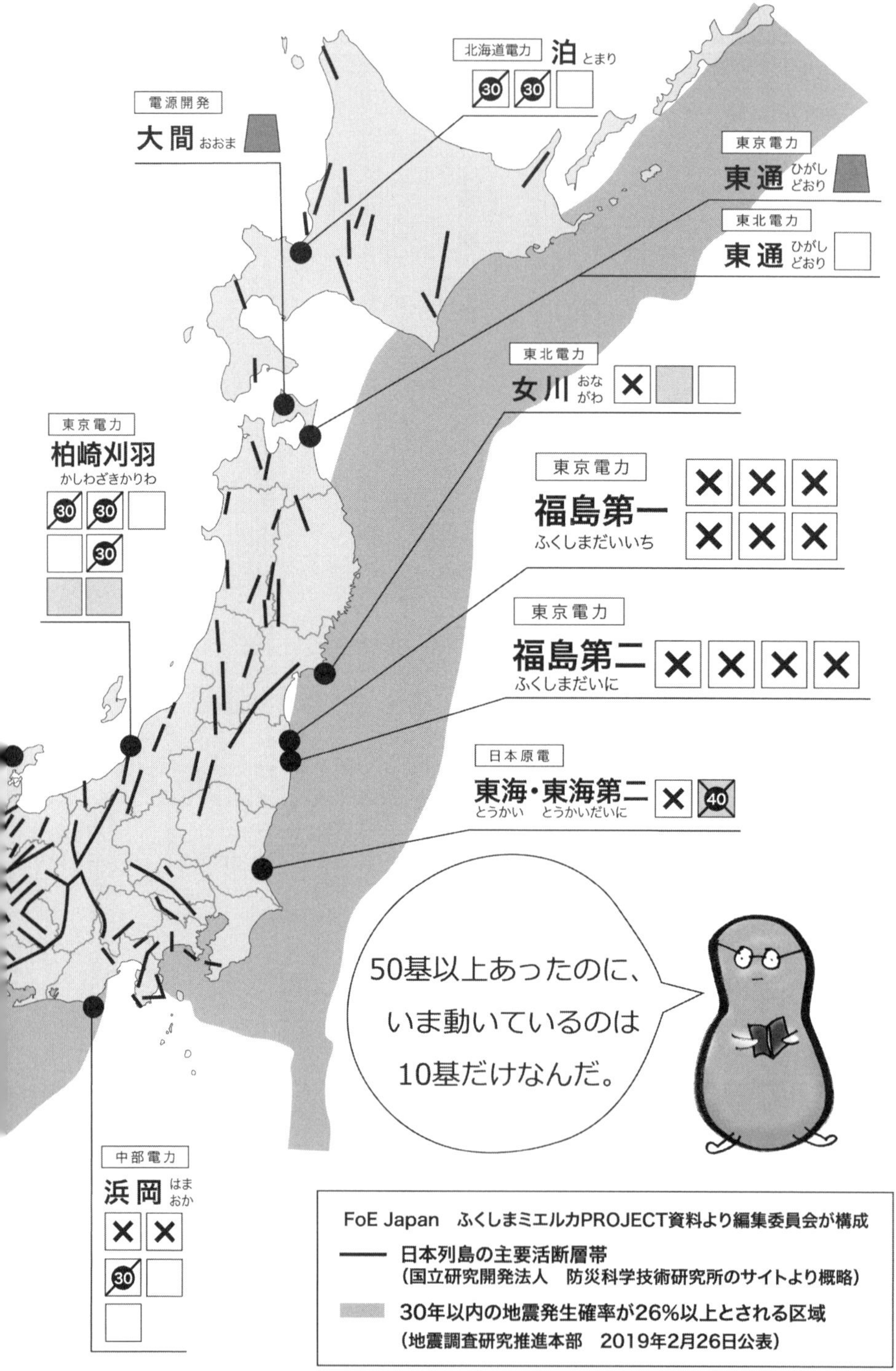

北海道電力
泊《とまり》
電源開発
大間《おおま》
東京電力
東通《ひがしどおり》
東北電力
東通《ひがしどおり》
東北電力
女川《おながわ》
東京電力
柏崎刈羽《かしわざきかりわ》
東京電力
福島第一《ふくしまだいいち》
東京電力
福島第二《ふくしまだいに》
日本原電
東海《とうかい》・東海第二《とうかいだいに》
中部電力
浜岡《はまおか》
50基以上あったのに、
いま動いているのは
10基だけなんだ。
FoE Japan　ふくしまミエルカPROJECT資料より編集委員会が構成
日本列島の主要活断層帯
(国立研究開発法人　防災科学技術研究所のサイトより概略)
30年以内の地震発生確率が26%以上とされる区域
(地震調査研究推進本部　2019年2月26日公表)

日本の原発の稼働状況と地震の危険性（2021年9月30日現在

稼働中　新規制基準合格　停止中

建設中　✕ 廃炉決定済

30年超　40年超

停止中の原発は福島第一原発事故以降再稼働されていない。
新規制基準に合格した原子炉は再稼働への動きが強まっている。

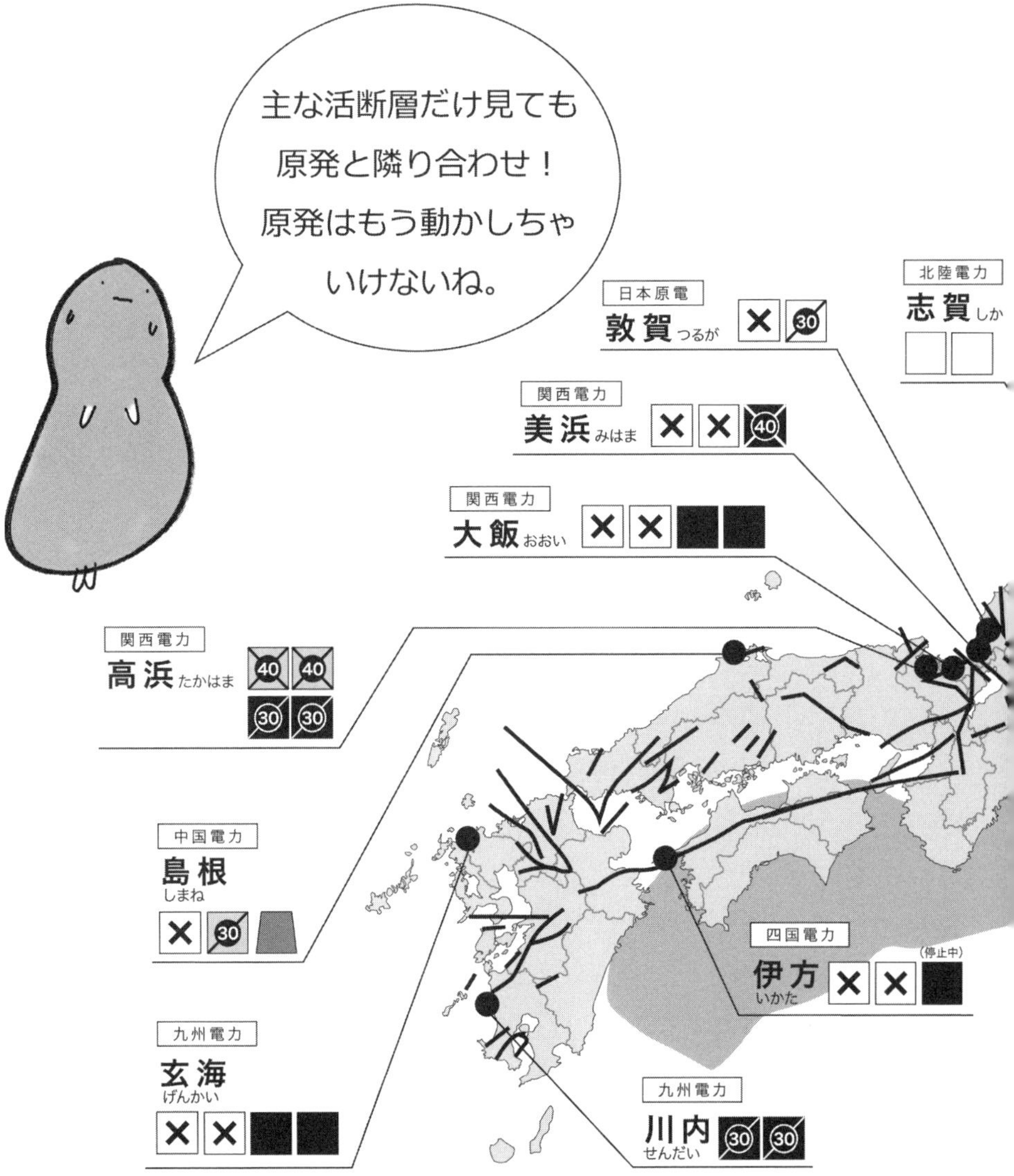

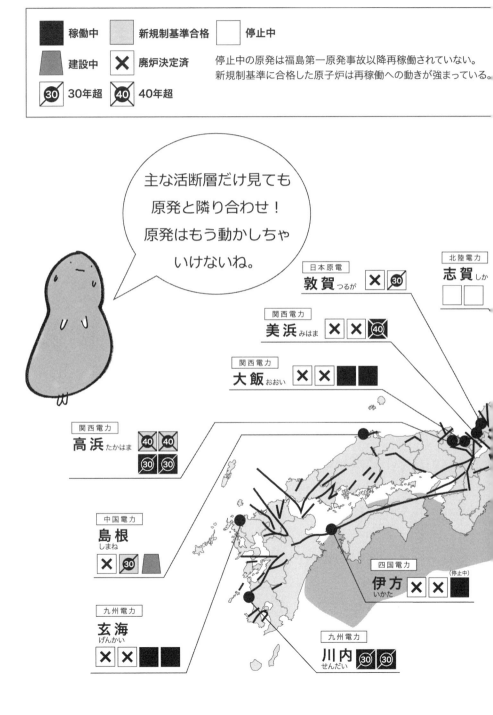

用語解説

○放射線量の許容限度

放射線による人体への影響を考慮して定められた放射線量の限度。ＩＣＲＰ（国際放射線防護委員会）勧告の基準値が日本を含め世界的な基準として採用されている。２００７年度の勧告では、放射線作業などに携わる職業の人たちの許容限度は１年間で50ミリシーベルト以内、一般の人の場合は、１年間で１ミリシーベルト以内とされている。但し低線量であっても健康被害のリスクは存在する。

○外部被曝と内部被曝

外部被曝とは、地表や空気中の放射性物質や、衣服や皮膚に付着した放射性物質などから放射線を浴びること。内部被曝とは、食物や水、空気中の放射性物質が体内に入って被曝すること。体内に取り込んだ放射性物質の一部は尿などで排出されるが、残りは体内に留まるため被曝が続くことになる。福島第一原発事故で家屋や庭、裏山など環境中に放射性物質が降下した状況では両方の被曝の危険性がある。

○シーベルト（Sv）

人体が放射線によって受ける「被曝の影響の度合い」を表す単位。１ｍSv（ミリシーベルト）は１Svの千分の１。１μSv（マイクロシーベルト）は１Svの１００万分の１。原発事故前の関東での空間線量は、１時間当たりおおむね０・０３μSv。法律で定められた一般人の被曝限度は１年間で１ｍSv。福島第一原発敷地内では、建屋外でも１時間当たり10Sv（右記空間線量の約3億倍）という、人間が即死するほどの高線量地点が見つかっている。

○放射性廃棄物

使用済みの放射性物質および放射性物質で汚染されたもので、使用の予定がなく廃棄されるもの。原子力発電所から出る放射性廃棄物の場合、原子炉から取り出した使用済み核燃料のような高レベルのものから、作業員が使用した衣服や除染作業に用いられた水など低レベルのものまで多岐にわたる。これをどこでどのように処分するか確定しておらず、「トイレなきマンション」と言われ大きな問題となってきたが、福島第一原発事故後、さらに深刻化している。

○阪神・淡路大震災

１９９５年1月17日に発生した兵庫県南部地震による災害。マグニチュードは７・３。神戸市など県南東部と淡路島の北部は震度７の激震を観測、建物の倒壊・火災等で関連死を含め６５００人近くが犠牲となった。また災害復旧・被災者支援のため全国から3か月で延べ１１７万人のボランティアが現地に入り、この年は日本における「ボランティア元年」といわれ、のちにＮＰＯ法が成立する契機となった。

○放射性セシウム

セシウム（元素記号Cs）は金属元素で、中性子の質量により異なる種類（同位体）がある。セシウム１３４とセシウム１３７は原子力発電の燃料であるウランの核分裂の際にできる放射性物質の代表的なもので、福島第一原発事故の際大量に放出された。これらは放射線を放出しながら内部崩壊していくが、放射能（放射線を放出する能力）が半減するのに、セシウム１３４は2年であるのに対してセシウム１３７は30年を要する。空気や水、農産物などの食品から体内に入り、内部被曝の原因となる。

○原子力緊急事態宣言

原子炉そのものの損傷またはそれが予測できる事態の発生に際し、原子力災害対策特別措置法に基づいて内閣総理大臣が「考慮の余地なく直ちに」公示する宣言。福島第一原発事故では、２０１１年3月11日19時3分に発出され、地理的な適用範囲も宣言解除時期の見通しも曖昧なまま現在も継続中（２０２１年10月時点）。年間１ｍSvと法律で定められている一般人の被曝限度を年間20ｍSvに引き上げる根拠にも使われており、政府の責任が問われている。

○３１１受入全国協議会

東京電力福島第一原子力発電所の事故を契機に全国

各地で主として子どもたちを受け入れる保養の取り組みが広がった。２０１２年２月には福島市で「放射能から子どもを守る全国サミット」が開催され、そこに集まった団体を中心に結成されたのが３１１受入全国協議会である。現在の主な活動は「保養相談会」の開催（相談会ワーキンググループが担当）と「保養の普及・促進」を目指した交流企画（保養促進ワーキンググループが担当）などである。

○保養相談会

保養団体の全国ネットワークである「３１１受入全国協議会」の主催で、保養への参加を望む人々と全国の保養団体との貴重なマッチングの場として２０１２年以降、福島県内各地および栃木県北部など、線量の高い地域で開催されてきた。２０２０年、２０２１年は新型コロナウイルスの感染リスクを考慮して開催されていないが、相談会ワーキンググループが保養受け入れ団体や保養参加者にアンケート調査を行うなどして連絡を取り合い、活動の再開に向けて準備をしている。

○甲状腺の検査

甲状腺はのどぼとけの下にあり、甲状腺ホルモンを分泌して成長・発育と代謝を司る臓器。血液中のヨウ素を取り込んでホルモンを作るため、原発事故で放出された放射性ヨウ素が体内に入ると甲状腺に集積されやすく、がんの原因となりうる。チェルノブイリ原発事故後の知見から福島県は「県民健康調査」（２０１１年10月～）を実施している。18歳以下の子どもを対象に甲状腺検査が行われ、超音波（エコー）による一次検査の結果によっては二次検査が求められる。本調査では小児甲状腺がんの大幅な増加がみられたが、同調査検討委員会は被曝との因果関係を認めていない。

書籍紹介

〈保養の全体像をわかるために、まずこの一冊を〉

『原発事故後の子ども保養支援
――「避難」と「復興」とともに』
疋田香澄著　人文書院　２０１８年

チェルノブイリ原発事故の年（１９８６年）に生まれた著者は、保養相談会などのボランティアに奔走してきました。「保養に関する統計・実態調査から」227ページで紹介した全国の保養団体へのアンケート調査も、著者が尽力したものです。

「復興」と「避難」を二項対立で考えず、保養支援を原発事故被災者の置かれた複雑な状況に寄り添う活動、保養に参加することを「不当にリスクを押しつけられない権利」の行使としています。１２０以上のインタビューをもとに、親子の思いや受け入れ団体の多様さ・課題を描くと同時に、多くの研究者にも意見を聞き、日本で保養がなぜ制度化されないのか、被災地での保養の「語りにくさ」、さらに原発事故による「差別」と「分断」の問題にも向き合っています。国に保養の支援を求める活動を契機に誹謗中傷を受けるという経験もした著者は、「それぞれの当事者の考え方や立場が尊重される社会になってほしい」と願っています。

〈原発事故から10年の歩みと今を知る〉

『10年後の福島からあなたへ』
武藤類子著　大月書店　２０２１年

「私たちはいま、静かに怒りを燃やす東北の鬼です」

自然とともに生きる生活の豊かさを奪われた哀しみ、分断されていく故郷への想いをこの言葉に込めて、福島県三春町在住の武藤類子さん（福島原発告訴団団長、原発事故被害者訴訟原告団全国連絡会共同代表）が、10年にわたる福島の実像を綴りました。

『図説・17都県放射能測定マップ＋読み解き集　増補版』
みんなのデータサイト出版　２０２０年

これほどの重大事故であるのにその責任者たちは必要なデータを公表しないばかりか本当に役に立つデータの測定さえしませんでした。一方で専門家でない市井の人々が知恵を寄せ集め、自分たちでデータを測定し解析した貴重な記録集です。この増補版は２０１８年の発行後、２０１９年の台風による水害や２０２０年までの測定データが追加されています。

『3・11　みんなのきろく　みやぎのきろく』
「市民の記録」編集委員会　２０２０年

福島県の北に隣り合う宮城県では当初放射性物質の影響はあまり報じられることはありませんでした。しかし実際には相当量の飛散があり、それらを丹念に測定してきた市民の記録です。ほようかんさいのメンバーでもある「関西きんじょすくいの会」との連携の紹介もあります。

『福島の子どもたち
――おとなは何ができたのか』
鈴木庸裕編著　かもがわ出版　２０２１年

学校、保育園、学童、地域子育て支援、障がい児支援などの現場で子どもに寄り添ってきた福島の人たちが、東日本大震災・原発事故からの10年を振り返って書いた文章をまとめた本です。「子どものどういった声を聴いてきたのだろうか」という問いかけは、保養に携わってきた私たちにも投げかけられているように感じます。特に、当時子どもとして被災した若い人たちが書いた文章に、考えさせられ、心を打たれます。

〈原子力災害で被災した人々の思いに触れる〉

『いないことにされる私たち
――福島第一原発事故10年目の
「言ってはいけない真実」』
青木美希著　朝日新聞出版　２０２１年

政府は避難者約2万世帯の住宅提供を打ち切り、避難者数を市町村が集計した7万人を、大幅に少ない4万人と発表し続けています。また、医療費の打ち切りも決めました。福島原発事故から10年目、政府は事故の責任をとるどころか、被災者をますます追い詰めています。

『災害からの命の守り方
――私が避難できたわけ』
森松明希子著　文芸社　２０２１年

福島第一原発事故の影響で、それまで暮らしていた福島県郡山市を離れ、２０１１年5月に当時3歳と0歳の2児を連れて大阪市に母子避難された森松さん。「避難は保養の最たるもの！」いつもそう言いながら、我が子を守るために常に真っ直ぐ本気でたたかい続けてきた……。当事者だからこそのリアルな体験を通して、とても分かりやすく、興味深く、気付きや感動も多い胸に響く一冊です。

『終わらない被災の時間
――原発事故が福島県中通りの
親子に与える影響《ストレス》』
成元哲編著　石風社　２０１５年

被災地の親はどんな状況、どんな気持ちで暮らしているのか……保養にとって根源的な問いに答える調査が成さんを代表とする「福島子ども健康プロジェクト」によって行われ（228ページ参照）、この本にまとめられました。将来の子どもの健康と差別についての不安、それに由来する親の精神的・経済的負担等を明らかにしていますが、早い時期の大規模調査ゆえに様々な反応があり、たくさんの苦労があったというあとがきも印象的でした。

『新訂　子どもたちのチェルノブイリ
わたしたちの涙で雪だるまが溶けた』
監修・河上雅夫　梓書院　２０１３年

初版は１９９５年。チェルノブイリ原発事故で被災したベラルーシの子どもたちの作文集です。故郷からの避難・移住で引き裂かれた心、被曝による健康不安、子どもたち自身の体験と思いが克明に、情感ゆたかに書き記されています。福島原発事故ののち、今に重なる貴重な記録として新訂版が発行されました。

『みえない雲』
グードルン・パウゼヴァング著
高田ゆみ子訳　小学館文庫　２００６年

チェルノブイリ原発事故の翌年にドイツでベストセラーとなり、同年日本でも翻訳出版された小説（文庫版は２００６年の映画公開にあわせて再刊）。最悪の原発事故がドイツでも起きたという想定で、故郷や家族をうしない、必死で生きのびていく少女の姿を描いています。１９８７年日本初版本の扉の言葉は、《何も知らなかったとはもう言えない》。しかしそれから24年後、福島の事故は起きました。

〈ちょっと専門的だけど、一歩踏み込んで読んでほしい〉

『私が原発を止めた理由』
樋口英明著　旬報社　２０２１年

日本の原発の耐震性は一般住宅より低いという衝撃

の事実。2014年5月21日、福井地裁において大飯原発3・4号機の運転を差し止めた樋口元裁判長。「私が原発を止めた理由は原発の耐震性があまりにも低く、危険だからです」とシンプルかつ明快な観点で判決を出しました。

『原発と大津波　警告を葬った人々』
添田孝史著　岩波新書　2014年

地震と津波による原発事故の危険性は、福島の事故のはるか以前から予見されていました。それらは誰によって、どのように退けられ、どのように福島第一原発事故にむすびついたのでしょうか。阪神・淡路大震災を体験した元朝日新聞記者のジャーナリストによる、綿密な取材に基づいたルポルタージュです。

『放射能と人体
――細胞・分子レベルからみた放射線被曝』
落合栄一郎著　講談社ブルーバックス　2014年

原発を巡る問題は、政治的にも経済的にも複雑に入り組んでいるので、賛成反対の立場をいったん脇に置いて、地球上に生きる全ての生命体を守るための科学的視点で学び直すことも大切です。新書1冊の中に物理から医学まで幅広い知識が詰まった、すぐれた教科書です。

『フクシマ6年後　消されゆく被害
――歪められたチェルノブイリ・データ』
日野行介・尾松亮著　人文書院　2017年

日野行介氏は、県民健康調査の問題をはじめとした福島原発事故被災者に対する政策への取材を続けている新聞記者、共著者の尾松亮氏は子ども被災者支援法の立法に参画した、ロシアのエネルギー問題に詳しい研究者です。事実を探究するお二人の活動を、もっと多くの人に知って応援してほしいと思います。

『反原発運動四十五年史』
西尾漠著　緑風出版　２０１９年

日本の反原発運動は、原発建設予定地での農漁民、住民の反対運動から、スリーマイル島原発事故、チェルノブイリ原発事故を経て、市民、労働者に広がり、福島第一原発事故によって大きな脱原発運動へと変貌しました。実は日本では、建設が始まる前の段階で原発建設計画を止めた地点がなんと50か所もあるのです。45年間にわたり日本各地で、人々がどのようにして原発に抗ってきたかを記録した貴重な本です。

ほようかんさいについて

正式名称は「保養をすすめる関西ネットワーク」。２０１１年の東京電力福島第一原子力発電所の深刻な事故を受けて、たとえ短い期間だけでも子どもたちを放射線の不安から遠ざけたいと、関西でも様々な地域で自発的な保養団体の活動が生まれました。やがて経験を共有し、困難を分かち合う場として大阪と神戸で年数回の交流会が持たれるようになり、その両者にかかわってきた団体に呼びかけて、２０１４年に発足したのが「ほようかんさい」です。

この間、関西の保養に来てもらうための窓口としてホームページとリーフレットの作成をメインに、勉強会や交流会、有志による福島へのスタディツアーの実施、２０１８年には福島の有機農家による人形劇団を関西に招いての神戸・大阪・京都での公演を支えるなど、被災地の現状を多くの人に伝えることができました。

残念ながら２０２０年、２０２１年はほとんどの団体が保養プログラムの実施を断念せざるを得なくなりましたが、関西における保養団体や人をむすんでの「ほようかんさい」の活動は、オンラインなどさまざまな形で継続中です。

＊ホームページ：hoyoukansai.net

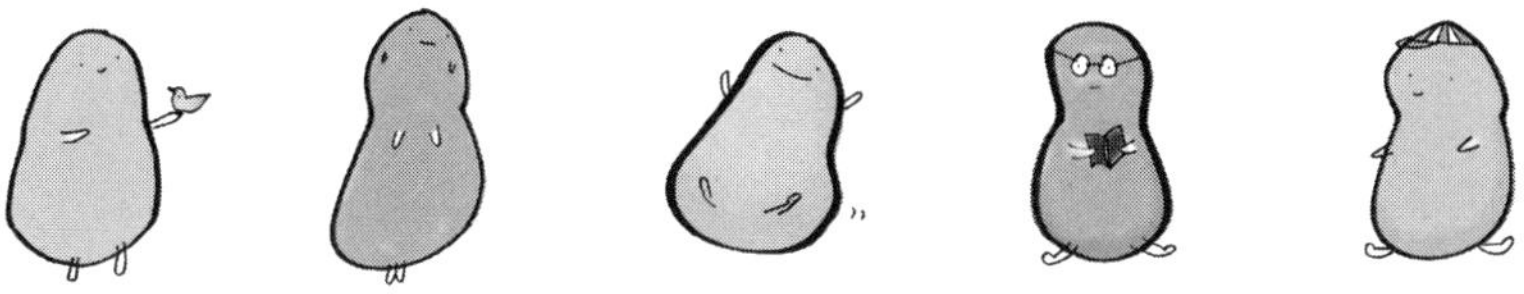

ほようかんさいマスコットキャラ〝ほよよん〟（作画　とらこ）

2014	2月	保養をすすめる関西ネットワーク（略称：ほようかんさい）発足
2015	4月	子どもの理解のための学習会
2016	11月	一泊交流会（箕面）
2017	4月	旅行業法勉強会
	10月	一泊交流会（神戸）
2018	4月	福島スタディツアー
	12月	福島の人形劇団「赤いトマト」関西公演主催
2019	1月	交流会（高槻）
	2月	全国交流会を京都で受け入れ
	11月	「こんど、いつ会える？」編集委員会発足

「こんど、いつ会える？」編集委員（五十音順）

一海真紀（福島の子どもを招きたい！明石プロジェクト・たこ焼きキャンプ）

宇野田陽子（ゆっくりすっぺin関西　ほようかんさい運営委員）

岡田　仁（ゴー！ ゴー！ ワクワクキャンプ　ほようかんさい運営委員）

小野　洋（福島の子どもを招きたい！明石プロジェクト・たこ焼きキャンプ
ほようかんさい運営委員）

上甲敦子（ゴー！ ゴー！ ワクワクキャンプ）

鈴木一正（中学校教員）

高橋もと子（吹夢キャンプ実行委員会）

出水正一（たかつき保養キャンプ・プロジェクト）

夏村ゆみ（心援隊）

松野尾かおる（たかつき保養キャンプ・プロジェクト　ほようかんさい運営委員）

こんど、いつ会える？
――原発事故後の子どもたちと、
関西の保養の10年

二〇二一年十一月三十日初版第一刷発行

編著者　ほようかんさい
（保養をすすめる関西ネットワーク）
発行者　福　元　満　治
発行所　石　風　社
福岡市中央区渡辺通二―三―二十四
電　話　〇九二（七一四）四八三八
ＦＡＸ　〇九二（七二五）三四四〇
https://sekifusha.com/

印刷製本　シナノパブリッシングプレス

©Hoyo Kansai, printed in Japan, 2021
価格はカバーに表示しています。
落丁、乱丁本はおとりかえします。
ISBN978-4-88344-308-6　C0036

＊表示価格は本体価格。定価は本体価格プラス税です。

ちづよ［作］＊漫画

ゲンパッチー　原発のおはなし☆子どもたちへのメッセージ

どうして大人は原発を選ぶの？　これは夢なの、未来なの――ある夜、子どもたちに宇宙からのメッセージが届きました。ゲンパッツってなんだろう。原子力発電所はどんな仕組みで、どんなエネルギーを作り出すの？　**小出裕章氏推薦**

１５００円

のえみ［作］＊漫画

ちがうものをみている　特別支援学級の子どもたち

特別支援教育に携ってきた著者が、子どもたちの生き生きとした日常を、それぞれの子どもたちの目線で描く。この子どもたちを知れば、世界はもっとゆたかになれる。――ちがうものが見えるって、すごくない⁉　韓国でも翻訳出版

１２００円

農中茂徳

だけど だいじょうぶ　「特別支援」の現場から

三池の炭鉱社宅で育った少年が「特別支援」学校の教員になった。「障害」のある子どもたちと、くんずほぐれつ、心を通わせていった一教員の実践と思考の軌跡――「我有り、ゆえに我思う」。『三池炭鉱　宮原社宅の少年』のもう一つの自伝

１８００円

内田良介

子どもたちの問題　家族の力

不登校、非行、虐待、性的虐待、発達障害、思春期危機――子どもたちが抱えたさまざまな問題に、大人と家族はどう向き合ったか。長年の児童相談所勤務を経て、スクールカウンセラーを務める著者がまとめた子どもと家族の物語

２０００円

イヴォナ・フミエレフスカ

ブルムカの日記　コルチャック先生と12人の子どもたち

田村和子・松方路子［訳］

ナチス支配下のワルシャワ。コルチャック先生は孤児たちと暮らしていた。悲劇的運命に見舞われる子どもたちの日常とコルチャック先生の子どもへの愛が静かに刻まれた絵本

【2刷】２５００円

アンナ・チェルヴィンスカ-リデル

窓の向こう　ドクトル・コルチャックの生涯

田村和子［訳］

〝子どもと魚には物事を決める権利はない〟――そんなポーランドの厳格なユダヤ人家庭に育ったコルチャック少年は、なぜ子どもたちのために孤児院を運営する医師となり、ともにガス室へと向かう運命を辿ったのか

１５００円

＊読者の皆様へ　小社出版物が店頭にない場合は「地方・小出版流通センター扱」とご指定の上最寄りの書店にご注文下さい。なお、お急ぎの場合は直接小社宛ご注文下されば、代金後払いにてご送本致します（送料は不要です）。

＊表示価格は本体価格。定価は本体価格プラス税です。

成《ソン》 元哲《ウォンチョル》［編著］
終わらない被災の時間
原発事故が福島県中通りの親子に与える影響《ストレス》
牛島佳代／松谷 満／阪口祐介［著］

見えない放射能と情報不安の中で、幼い子どもを持つ母親のストレスは行き場のない怒りとなって、ふるえている――。避難区域に隣接した福島県中通り九市町村に住む、幼い子どもを持つ母親（保護者）を対象としたアンケート調査の分析と提言 1800円

長野ヒデ子［編著］
演じてみよう つくってみよう 紙芝居
右手《うて》和子／やべみつのり［著］

「紙芝居は作家がいて、演じ手がいて、観客がいる。この三者がいなくては始まりません。紙芝居の面白さや楽しさは、この三者でつくり上げてゆくものだからです。皆でつくる。このことが、紙芝居の大きな力を生み出すのです」（「まえがき」より） 【3刷】1300円

中村 哲
医者 井戸を掘る
アフガン旱魃《かんばつ》との闘い

日本ジャーナリスト会議賞受賞 「とにかく生きておれ！ 病気は後で治す」。百年に一度といわれる最悪の大旱魃が襲ったアフガニスタンで、現地農民、そして日本の青年たちとともに千の井戸をもって挑んだ医師の緊急レポート 【14刷】1800円

中村 哲
医者、用水路を拓《ひら》く
アフガンの大地から世界の虚構に挑む

「百の診療所より一本の用水路を！」。パキスタン・アフガニスタンで一九八四年から診療を続ける医者が、戦乱と大旱魃の中、千六百本の井戸を掘り、全長約二十五キロの用水路を拓く。真に世界の実相を読み解くために記された渾身の報告 【9刷】1800円

ジェローム・グループマン
医者は現場でどう考えるか
美沢惠子［訳］

「間違える医者」と「間違えぬ医者」の思考は、どこが異なるのか。診断エラーをいかに回避するか。患者と医者にとって喫緊の課題を、臨床現場での具体例をあげながら、医師の思考プロセスを探索した刺激的医療ルポルタージュ 【7刷】2800円

石牟礼道子
［完全版］石牟礼道子全詩集

時空を超え、生類との境界《あわい》を超え、石牟礼道子の吐息が聴こえる――。二〇〇二年度芸術選奨文部科学大臣賞受賞『はにかみの国』大幅増補。遺稿「ノート」より新たに発掘された作品を加え、全一一七篇を収録する四四四頁の大冊 3500円

＊読者の皆様へ 小社出版物が店頭にない場合は「地方・小出版流通センター扱」とご指定の上最寄りの書店にご注文下さい。なお、お急ぎの場合は直接小社宛ご注文下されば、代金後払いにてご送本致します（送料は不要です）。